RÉCUEIL

DE QUELQUES

MÉDAILLES GRECQUES

INÉDITES

PAR M. MILLINGEN

A ROME
IMPRIMÉ PAR DE ROMANIS
MDCCCXII.

PRÉFACE

La publication des Médailles Inédites est tellement intéressante pour la Science Numismatique, que l'on croit qu'il est toujours utile de s'en occuper.

Celles comprises dans ce Récueil faisoient partie d'une Collection assez considérable, que l'auteur avoit employé plusieurs années à former, et de laquelle des circonstances particuliéres l'ont obligé de se priver.

Aux Médailles qui n'ont point été publiées, on en a joint qui l'ont été, mais avec peu d'exactitude, et d'autres qui ont paru devoir donner lieu à de nouvelles explications, propres à jetter quelques lumières sur divers points de Géographie ancienne, d'Histoire, et de Mythologie.

Etranger à la langue dans laquelle il en rend compte, l'auteur ose espérer toute l'indulgence dont il a besoin.

ERRATA ET CORRECTIONS

Pag. 3, ligne 8, *Nola, Noja,* supprimez ces mots.
6, ligne 20, sont été, *lisez* ont été.
11, note 4, ligne 11, le type, *lisez* ce type.
32, ligne 24, Sélinonte, *lisez* Gélas.
33, ligne 14, une epi, *lisez* un epi.
45, ligne 16, figure, *lisez* figuré.
54, ligne 24, semblables. Quant, *lisez* semblables quant
63, ligne 3, une epi, *lisez* une épée.
66, dernière ligne, qui porte, *lisez* que porte.

RECUEIL
DE
MÉDAILLES INÉDITES.

EUROPE

CALATIA in Campania.

Tête de Minerve casquée, à gauche.
Rev. CAIATINO. Coq debout, à droite; derrière, un astre.
AE. 2. *Tab. I. n.* 1.

Il y avoit anciennement en Italie deux villes du nom de *Calatia*, une du côté droit du fleuve Vulturnus au nord de la ville de *Capoue*, qui subsiste encore aujourdhui sous le nom de *Caiazzo*; l'autre à gauche du même fleuve à l'est de *Capoue*, à l'endroit appellé actuellement le *Galazze*, comme l'a très bien prouvé Pellegrini (1).

La Campanie étoit divisée en deux parties par le Vulturnus, celle sur la rive gauche possedée par les Samnites qui s'étoient emparés de *Capoue*, celle sur la rive droite par les Latins, et autres peuples qui leur étoient alliés. Pour distinguer ces deux villes de même nom dans la Géographie numismatique (2), il convient d'appeller l'une *Calatia Capouane*, l'autre *Calatia Latine*.

(1) Discorsi della Campania felice pag. 406.
(2) Pellegrini nomme l'une *Cala-tia*, l'autre *Galatia*, mais rien n'autorise cette distinction dans l'orthographe de ces noms.

Mazzochi dans ses doctes commentaires sur les Tables d'Heraclée (1), a le premier publié une médaille de bronze avec l'inscription *Calati* en caracteres Osques ou Samnites, qu'il attribue à la *Calatia Latine*, mais que l'on doit avec Ignarra (2) restituer à la *Calatia Capouane*, à cause de sa parfaite ressemblance avec les monnoyes de Capoue, dont cette *Calatia* étoit alliée ou dependante (3); elle en a toujours suivi le sort dans ses diverses révolutions politiques; en dernier lieu, Sylla (4) donna la ville et le territoire de *Calatia* aux habitans de Capoue.

La médaille gravée pour la première fois *T. I. n.* 1. où se lit CAIATINO en lettres Latines, différente à tous égards de celle de Mazzochi, est absolument semblable aux monnoyes d'*Aquino, Cales, Suessa*, et autres villes de la rive droite du Vulturnus, de manière qu'il est impossible de ne pas l'attribuer à la *Calatia Latine* (5).

Les auteurs anciens nomment constamment l'une et l'autre ville *Calatia*, mais il paroit que celle à laquelle appartient notre médaille, devoit être appellée *Caiatia* par ses habitans, d'après le dialecte qui leur étoit particulier. Cette variation se remarque souvent dans les noms des peuples de ces contrées, qui ont éprouvé de l'altération en passant dans d'autres langues; le nom de *Nuceria* est écrit *Nufcrinum* sur les médailles Osques de cette ville; *Compulteria* est appellée *Cupelternum*; *Volaterra Felathri, Aquilonia Akedunnia*, etc. etc. Souvent la véritable leçon des noms

---

(1) page 534.
(2) De Palaestra Neap. pag. 252.
(3) Tit. Liv. lib. XXVI. cap. 16.
(4) Frontinus de Coloniis.
(5) Ignarra lib. cit. pag. 252 décrit une médaille Grecque de Calatia, mais elle a été peutêtre mal lue, comme on ne la retrouve dans aucune Collection.

anciens se retrouve dans les noms modernes que les mêmes lieux ont conservés; le nom de *Caiatia* se retrouve dans celui de *Caiazzo* que cette ville porte aujourdhui, et en *Caiazia* que Herchempert lui donna dans le neuvième siécle (1).

Le changement de L en I (2) paroit être dans le génie de la langue des peuples d'Italie, comme dans l'Italien moderne on a fait de *Florentia Fiorenza*, de *Nola Noia*, etc. etc.

La légende étant en caracteres Latins, cette médaille doit être postérieure à l'occupation de la Campanie par les Romains. La terminaison en NO commune dans les monnoyes de cette contrée, est au datif, le mot *populo* étant sousentendu, comme dans les Grecques avec l'inscription Ανεθηκε, quoique Eckhell (3) soit d'un autre avis, et veuille que ce soit une desinence du nominatif particulière à ces peuples; mais *Larinod* et *Beneventod* sont certainement au datif, suivant l'analogie du Latin ancien, où on ajoutoit souvent un D aux mots finissant en O, et généralement à toute terminaison du datif et de l'ablatif; entre beaucoup d'autres exemples on lit dans l'inscription de la colonne de Duilius *pugnandod, marid, dictatored,* etc. etc.

CUMA *in Campania*.

1 KYMAION. Tête de Minerve, à droite.
Rev. Crabe tenant un coquillage. AR. 2. *T. I. n.* 2.

2 Tête de femme, à droite.
Rev. KYMAION. Monstre marin, à droite; au dessous, un coquillage. AR. 2. *T. I. n.* 3.

(1) Pellegrini pag. 258.
(2) Lanzi Tom. I, pag. 253.
(3) Doctrina Num. Vet. Tom. I. pag. 127.

3 Tête de femme, à droite.

Rev. KYMAION. *retrograde.* Le monstre Scylla tenant de la main gauche un poisson; au dessous, un coquillage. AR. 2. *T. I. n.* 4.

Le nom de *Cuma*, la plus ancienne de toutes les colonies Chalcidiques en Italie et en Sicile, étoit dérivé, suivant Strabon (1), de κυματα, mot Grec qui signifie flots de la mer; aussi tous les types des monnoyes de cette ville sont ils allusifs à cette étymologie.

La médaille *Tab. I. n.* 2. qui n'a jamais été publiée, présente d'un côté une tête de Minerve dont le style dénote une très grande antiquité; et au revers un crabe tenant dans ses serres une coquille qui paroit être de l'espèce d'huitres appellée *pinna* par les anciens.

L'explication de ce type singulier nous a été transmise par Pline (2), par Aelien (3), et par Athénée (4). Comme la description de Pline est la plus detaillée, nous la rapporterons en entier.

„ La pinna est aussi du genre des coquillages; elle naît
„ dans les endroits limonneux, elle se tient toujours droite,
„ et n'est jamais sans un compagnon nommé par cette rai-
„ son *pinnothère* ou autrement *pinnophylax*, qui n'est
„ autre qu'une sorte d'écrevisse qui cherche sa proie de
„ concert avec la pinna. Celleci dépourvue d'yeux, en s'ou-
„ vrant présente une partie de son corps à découvert à des
„ petits poissons qui se jettent en foule sur cette amorce
„ sans rencontrer de résistance. La facilité qu'ils y trouvent,
„ les enhardit au point qu'ils remplissent toute la capacité

(1) Strabo lib.V. pag.168. ed.1587.
(2) Plin. Hist. Nat. lib. IX cap. 42.
(3) Aelian. de Anim. N. lib. III. c. 29.
(4) Athen. lib. III. pag. 89. edit. Casaub.

„ du coquillage. Le *pinnothère* qui épie ce moment, en
„ donne avis à son compagnon par une morsure légère.
„ Aussitôt *la pinna* en se resserrant tue tout ce qu'elle ren-
„ ferme, et fait part de sa proie à son associé „.

Il est à remarquer que la même coquille se trouve sur toutes les monnoyes de cette ville. C'est la fameuse huitre de Baies et du lac Lucrin, dont il est si souvent fait mention dans les auteurs Latins, et dont on faisoit un si grand cas à Rome dans les derniers tems de la république, et sous les Empereurs. Suivant Athénée, cette espèce d'huitre contient souvent des perles, et il décrit la manière dont elles s'y forment (1).

La tête de femme du *n. 3.* est probablement celle du Génie ou de la Nymphe de la ville de Cuma, plutôt que celle de la Sibylle, comme quelques antiquaires l'ont pensé.

Le dieu marin, type du revers de cette médaille, est selon toute apparence *Aegéon* ou *Briarée*, auquel suivant Solin (2), on rendoit des honneurs divins à Eretria et à Chalcis dans l'Eubœe. Son culte sera passé a *Cuma* avec la colonie Eubœique qui fonda cette ville.

Il y avoit plusieurs traditions à l'égard d'*Aegéon;* la plûpart des auteurs le confondent avec les Titans qui firent la guerre à Jupiter; mais l'opinion la plus ancienne est celle rapportée par Homere (3), selon laquelle Aegéon étoit le nom donné par les hommes à celui que les dieux appelloient Briarée; amené par Thetis, il vint au secours de Jupiter, et le délivra, lorsqu'Apollon, Junon, Minerve, et Neptune l'eurent enchainé, et voulurent s'emparer de l'empire du Ciel. Le scholiaste d'Homere le fait fils de Neptu-

(1) Athen. lib. III. cap. 29.   (3) Homeri Ilias A vers. 403.
(2) Solin. cap. 16.

ne, et c'est par cette raison qu'il est représenté comme un dieu de la mer, et qu'il a été vénéré par les Eubœens dont la principale divinité étoit Neptune.

Par suite du culte rendu aux dieux de la mer par les habitans de *Cuma*, on voit au revers du *n*. 4. le monstre *Scylla* qui d'après quelques traditions étoit aussi fille de Neptune. La manière la plus ordinaire de la représenter, est avec un nombre plus ou moins grand de têtes de chiens sortant de la partie inférieure de son corps :

Prima hominis facies, et pulchro pectore virgo
Pube tenus, postremo immani corpore pistrix,
Delphinum caudas utero commissa luporum.

Virgile Aeneid. lib. III. vers. 426.

Ici on ne lui en voit que deux en cette partie, mais deux autres têtes de chiens paroissent attachées à ses épaules. Elle tient dans sa main un poisson, et Homere (1) la décrit en effet comme sortant de sa caverne, et occupée à la pêche des dauphins, des chiens de mer, et d'autres poissons.

La fabrique de ces trois médailles est très ancienne; il est à présumer qu'elles sont été frappées avant la prise de cette ville par les Samnites, l'an de Rome 336 suivant Tite Live (2), ou 333 suivant d'autres autorités.

NOLA *in Campania*.

Tête de Pallas avec un casque orné de laurier et d'une chouette, à droite.

Rev. ΝΩΛΛ. Boeuf à face humaine, à droite. AR. 2. *T. I. n.* 5.

Cette médaille de la ville de Nola en Campanie diffère de toutes celles qui ont été publiées jusqu'à présent, le nom

---

(1) Homeri Odyss. M ver. 95.   (2) Titus Livius lib. IV. cap. 44.

de la ville y étant écrit au nominatif comme sur les monnoyes de Tarante et d'Agrigente, tandis que sur les autres on lit ΝΩΛΛΑΙΩΝ.

Quoique la fabrique soit fort ancienne, on y trouve néanmoins l'*oméga* au lieu de l'*omicron*. Cette ville étant une colonie de Chalcis dans l'Eubœe, ses habitans qui étoient Ioniens, ont reçu de bonne heure les lettres de Simonide, dont les Doriens et les Aeoliens n'ont fait usage que beaucoup plus tard.

Le monstre ou boeuf à face humaine qui forme le type constant des monnoyes de cette ville, ainsi que de Naples et plusieurs autres villes de l'Italie et de la Sicile, a donné lieu à un grand nombre d'opinions différentes parmi les antiquaires; elles ont été recueillies par Eckhell (1) qui a consacré une dissertation particulière à l'examen de cette question; le résultat en est d'établir „ qu'il est vraisemblable „ que le boeuf à face humaine sur les médailles de la Cam„ panie et de la Sicile n'est pas le symbole d'un fleuve, „ mais celui de Bacchus „. Cette opinion a été suivie par l'abbé Lanzi, et par M. Avellino dans son intéressant Journal Numismatique.

Malgré un concours d'autorités aussi respectables, nous osons croire que les motifs sur lesquels ce système est fondé, et les passages des auteurs anciens dont on l'a appuyé, sont loin d'y être favorables, et que le sentiment de Paruta et du Prince Torremuzza qui ont vu dans ce type un emblême des fleuves et de l'agriculture, est beaucoup plus probable.

Après qu'on a tant écrit sur cette question, il seroit fastidieux d'entrer de nouveau dans de longues discussions.

(1) Doctrin. Num. Veter. Tom. I. pag. 129.

On se borne donc à ajouter aux raisons déjà alléguées en faveur de ce sentiment, quelques observations devenues nécessaires par les objections qui y ont été faites.

Strabon (1) nous apprend que l'on représentoit l'Achelous sous la forme symbolique d'un taureau; il cite en même tems un passage de Sophocle, où ce fleuve est décrit et sous la forme d'un boeuf, et sous celle d'un boeuf à face humaine, comme effectivement on le voit sur les médailles des Acarnaniens.

Φοιτων εναργης ταυρος, αλλοτ' αιολος
Δρακων ελεικτος, αλλοτ' ανδρειω τυπω
Βουκρανος.   Soph. Trachin. v. 11. 13.

Or, puisque Strabon en rapportant cette autorité (2), et connoissant cette diversité dans la représentation, ne trouve pas qu'elle en produisit une dans la signification, il est évident qu'il considéroit les deux symboles comme équivalens.

La face humaine (3) paroit avoir été ajoutée comme indication de l'origine divine de ce fleuve; on ne peut cependant pas adopter le sentiment d'Ignarra qui par tout où le monstre se voit, veut que ce soit l'Achelous, dont le culte aura passé dans l'Italie et la Sicile; mais on peut penser, que comme le nom de ce fleuve étoit un synonyme de l'élément de l'eau en général, le mode de le représenter

(1) Strabo lib. X. pag. 316.

(2) Ce passage et les médailles des Acarnaniens s'éclaircissent réciproquement, et détruisent la correction proposée par Casaubon.

(3) Sur une pierre gravée qui représente l'enlèvement d'Europe, Gori Mus. Florent. Tom. 1. tab. 57, le boeuf dans lequel Jupiter s'est transformé, a une face humaine. C'est à tort que le savant Lanzi a pris ce sujet pour Bacchus et une Bacchante. Ce qu'il a cru un thyrse, n'est qu'un sceptre. Sur une autre pierre gravée qui offre l'aventure de Jupiter avec Leda, celleci tient dans sa main un sceptre précisement de la même forme.

étoit devenu le prototype des formes emblématiques données à tous les fleuves. Nous pouvons inférer de cet exemple et de plusieurs autres que nous rapporterons, que les anciens employoient le boeuf à face humaine ainsi que le boeuf simple comme un emblême commun ayant une seule et même signification. Le silence des auteurs anciens à l'égard du monstre est encore une preuve négative favorable à ce principe, car comme l'a observé Eckhel, on doit être étonné de ne trouver aucune explication de ce type ni dans les Poëtes, ni dans les Mythologues, ni dans les Historiens, qui n'ont pas manqué de nous décrire avec tous les détails possibles les Centaures, les Sphinx, les Griffons, les Tritons, et autres animaux fabuleux. Si ce symbole n'eut été employé que passagérement et par une seule ville, on pourroit penser que c'étoit par suite de quelque tradition locale, qui n'ayant qu'un intérêt particulier pour ses habitans, a échappé à l'attention des écrivains; mais les représentations de ce monstre sont tellement multipliées, et on le trouve employé par un si grand nombre de villes de différens pays, et pendant un si grand intervalle de tems, (entre les monnoyes les plus anciennes et les plus récentes de Naples, Nola, *etc.* il doit s'être écoulé d'après les règles de la Paléographie une période de plus de 300 ans) qu'on a raison de croire qu'il a eu une grande célébrité.

Voici encore quelques preuves de l'identité des deux symboles. Sur les plus anciennes monnoyes de Gélas, le fleuve qui donna son nom à la ville, est figuré par le monstre; sur celles d'une époque plus récente on y a substitué un taureau; un passage de Timaeus (1), conservé par le scho-

---

(1) Timaeus, auteur Sicilien qui écrivit vers l'Olymp. 128, dit „ que le „ taureau qu'on faisoit voir à Agrigente, n'étoit pas celui de Phalaris,

liaste de Pindare, fait voir qu'en effet on donnoit cette forme à ce fleuve.

Les monnoyes de *Tauromenium* présentent les deux types simultanément par allusion au nom de la ville, ou comme emblême du fleuve; celles d'*Aluntium* ont également les deux types comme symbole du fleuve Chydas; le courant d'eau qui sort de la bouche du monstre de la même manière dont Sophocle décrit l'Achéloüs, ne laisse pas de doute à cet égard.

Εκ δε δασκιου γενειαδος
Κρουνοι διερραινοντο κρηναιου ποτου.
Trach. v. 14. 15.

Ces exemples pris dans la Sicile nous offrent les deux types employés comme symbole des fleuves; et nous sçavons par des témoignages nombreux, qu'on les représentoit en général ainsi (1). Eckhel au contraire veut que dans cette île on les a toujours représentés sous la figure d'un jeune hom-

,, mais une statue du fleuve Gélas ,, (qu'il faut lire au lieu de Gélon, qui est une erreur de copiste).

Quoique le témoignage de Timaeus puisse être revoqué en doute en ce qui a rapport à Phalaris, il est positif cependant quant à la manière dont on représentoit le fleuve Gélas.

Eckhel s'étonne qu'une statue du fleuve Gélas ait pu se trouver à Agrigente, et demande comment elle y est parvenue ? n'ayant pas réfléchi que la ville d'Agrigente a été fondée par les habitans de Gélas, et que le culte qu'on rendoit au fleuve dans la métropole, a dû naturellement passer dans la colonie.

(1) Eckhel qui rapporte ces témoignages, ajoute, qu'ils ne sont pas confirmés par les monumens; cependant il est incontestable que le boeuf cornupète sur les médailles de Magnesia, posé sur un ornement qui indique le Maeandre, est un emblême de ce fleuve, sans citer d'autres exemples. On voit souvent sous le boeuf cornupète ainsi que sous le monstre, un poisson qui paroit par sa fréquente répétition être plutôt un symbole accessoire au type principal, qu'une marque ou Επισημα de magistrat.

me, mais cette conséquence tirée d'un passage d'Aelien (1) n'est pas admissible. Cet auteur dit bien que trois villes de la Sicile avoient cet usage, mais on ne doit pas en conclure qu'il fut général dans toute l'île; il semble même qu'il en résulte une conséquence toute opposée (2).

Aussi bien que l'emblême des fleuves, le boeuf étoit celui de la fertilité et de l'agriculture; les Platéens et les Carystiens, suivant Pausanias (3), dédièrent des statues de bronze de cet animal à Delphes, en témoignage de leur reconnoissance envers le dieu, de ce que délivrés de l'invasion des barbares, ils pouvoient se livrer avec sécurité aux travaux de l'agriculture.

Sur une monnoye de la ville d'Eubœe en Sicile, le boeuf à face humaine, posé sur un epi de bled, y paroit employé dans ce sens; peut-être que comme la fertilité étoit un effet heureux des fleuves, on a représenté la cause et l'effet par un symbole commun.

Il est fort difficile de fixer le sens précis dans lequel ce type a été employé par les diverses villes de l'Italie (4);

---

(1) Aelian. Var. hist. lib. II. cap. 33.

(2) On a varié dans les représentations allégoriques selon les tems; il paroit que la manière la plus ancienne de représenter les fleuves en Sicile, étoit sous la forme d'un taureau; on y a substitué d'abord une tête de jeune homme avec des cornes au front, et dans les époques postérieures une figure entière de jeune homme tenant une corne d'abondance et un vase. Sur quelques médailles d'Agyrina et de Gélas on trouve à la fois les deux symboles; cette répétition ne doit pas surprendre; les monnoyes de Laus présentent de chaque côté le même type, sans citer d'autres exemples.

(3) Pausanias, Phocica, c. 16. p. 835.

(4) Sur les monnoyes avec l'inscription ΚΑΠΠΑΝΟ, frappées probablement dans Capoue, avant que cette ville tombât au pouvoir des Samnites, vers l'an de Rome 330, le monstre pourroit bien être un symbole du Vulturnus; sur celles d'Aesernia, Cales, Compulteria, Suessa, Teanum, etc. avec des inscriptions Latines ou Osques, qui sont d'une époque très-postérieure, le type paroit une imitation de ceux de Naples, Nola, et Capoue.

les plus anciennes monnoyes où le monstre se trouve, sont de Naples et Nola; il n'y est accompagné d'aucun accessoire; comme ces deux villes étoient des colonies de Chalcis, on pourroit penser qu'aussi bien qu'un symbole de l'agriculture, ce type a rapport à l'origine Eubœique de ces villes, le bœuf étant le symbole particulier de l'Eubœe comme allusif au nom de cette île.

Sur les monnoyes d'une époque postérieure le monstre est souvent couronné par une figure ailée (1), qu'Eckhel a pris pour une Victoire, mais qui est plutôt le Génie de la ville, ou si on l'aime mieux, celui du monstre. Les vases peints nous font voir que chez les Grecs Italiques les Génies étoient multipliés à l'infini.

Il reste maintenant à résoudre la seconde partie de la question. On ne nie pas qu'on a pu représenter Bacchus par ce symbole, puisqu'il a été figuré sous la forme d'un taureau, et vénéré ainsi par les femmes de l'Elide; mais sur toutes les médailles de l'Italie et de la Sicile, où le monstre se trouve, il n'y a jamais, ni thyrse, ni lierre, ni ciste mystique, ni aucuns autres signes caractéristiques de Bacchus, tandis que sur d'autres monumens on a eu soin de le distinguer par ses attributs. Sur une pierre gravée du Cabinet Impérial de Paris avec le nom d'Hyllus (2), le taureau Dionysiaque ou Bacchus lui même sous cette forme, est reconnoissable à la guirlande de lierre dont son corps est entouré, et au thyrse sur lequel il est posé. Sur un vase peint

---

(1) Ce qui prouve que ce n'est pas une Victoire, et repond à une objection d'Eckhel, c'est que la même figure ailée couronne le bœuf simple sur quelques monnoyes de Posidonia et Thurium.

(2) Pierres gravées de Stosch. pl. 40.

(Millin tom. II. pl. XII.) qui présente le même sujet, le boeuf est orné de bandelettes.

On a allégué à l'appui de l'opinion contestée, un passage de Nonnus (1), où les suivants de Bacchus sont décrits sous cette forme. L'ouvrage de cet auteur est très-intéressant par les traditions qu'il nous a conservées, et qui sont tirées d'ouvrages plus anciens, mais ses descriptions qui ne sont que le fruit de l'imagination bizarre du Poëte, ne méritent pas une égale attention; son autorité d'ailleurs en aucun cas ne peut affoiblir celle de Sophocle et de Strabon, confirmée par les nombreuses médailles des peuples de l'Acarnanie.

Il seroit possible de faire beaucoup d'autres observations sur cette question, et on sent même d'avoir avancé divers points qui exigeroient de plus grands développemens, mais il faudroit entrer dans des détails que la nature de cet ouvrage n'admet pas. On espère cependant avoir assez dit pour prouver que le boeuf à face humaine sur les monnoyes de l'Italie et de la Sicile n'est pas Bacchus, mais un symbole identique dont il faut chercher l'explication dans la signification que les anciens ont donnée au boeuf simple.

HYRIA *in Campania*.

Tête de Pallas avec un casque orné de laurier et d'une chouëtte, à droite.

Rev. ΥΡΙΝΑ. *retrograde.* Boeuf à face humaine, à droite. AR. 2. *T. I. n.* 6.

On a un grand nombre de médailles qui ressemblent, par les types et par la fabrique, à celles de Nola et de Na-

---

(1) Nonni Dionysiaca lib. XXI. ver. 211.

ples. Comme elles se trouvent toujours dans les environs de ces deux villes, il n'y a pas de doute, malgré le silence des Géographes anciens, qu'il n'y ait eu dans cette partie de la Campanie une ville appellée *Hyria*, et ce nom indique qu'elle a été fondée par une colonie Grecque.

La fabrique de ces médailles, qui est fort ancienne, fait juger qu'elles ont été frappées avant l'époque à laquelle les Samnites s'emparèrent de Capoue, de Cuma, et d'une grande partie de la Campanie. On peut conjecturer que cette ville a éprouvé alors le même sort.

Il est encore à présumer que les monnoyes avec l'inscription IDNO (Ignarra Pal. Neap. pag. 256.) releguées jusqu'à présent parmi les incertaines, sont aussi de cette ville d'*Hyria* après sa prise par les Samnites qui auront substitué leur langue à celle des Grecs ses anciens habitans; comme il est arrivé à Capoue et dans plusieurs autres villes de la Campanie.

Quoique la médaille *n.* 6. ait été déjà publiée, on l'a fait graver de nouveau, afin de rendre plus sensible aux yeux du lecteur sa parfaite ressemblance avec la précédente de Nola.

NUCERIA *in Campania*.

1 *Légende Osque*. Tête jeune avec une corne de bélier, à gauche; derrière, un dauphin.
Rev. Homme nu debout, tenant de la main droite un cheval par les rênes, et de la gauche un sceptre. AR. 2. *T. I. n.* 7.

2 ΝΟΥΚΡΙΝΩΝ. Tête d'Apollon laurée, à gauche.
Rev. Tête de lion de face. AE. 2. *T. I. n.* 8.

On ne donne ici la médaille *n.* 7. qu'à cause que sa légende est différente de celles qui ont été déjà publiées; le nom de la ville y est écrit NVKIRNVM qui se rapproche beaucoup du Latin *Nuceria*, e les trois lettres TER dans le mot *Alfaternum* sont liées, et forment une espèce de monogramme.

On lit ordinairement sur les médailles de cette ville NVFKPINVM qui ressemble d'avantage au Grec NOYKPINΩN.

L'abbé Barthelemy (1) a cru que la tête ornée de cornes de bélier est celle d'Alexandre. Eckhel (2) veut que ce soit Bacchus; mais M. Avellino dans son Journal Numismatique a prouvé qu'elle représente un ancien héros du pays, nommé Epidius Nuncionus, qui se précipita dans le Sarno, et auquel les habitans de *Nuceria* rendirent les honneurs divins.

Le poisson, attribut des divinités de la mer et des fleuves, placé derrière la tête, pourroit faire penser que le culte de ce héros étoit confondu avec celui du Sarno, ou qu'il étoit considéré comme le Génie de ce fleuve.

M. Avellino pense que la figure qui est au revers de cette médaille, représente aussi le même héros; cependant le sceptre qu'elle tient dans sa main, étant un attribut particulier de Jupiter, semble désigner plutôt Castor, un des fils de ce dieu.

Les types de la médaille *n.* 8, (3) sont imités des monnoyes de *Rhégium*; on essayera d'en donner une explication en parlant des monnoyes de cette ville.

(1) Lettres aux aut. du Journ. des Sçavans, Aout 1760.
(2) Num. Vet. anecd. pag. 22.
(3) M. Carelli croit que cette médaille est d'une ville de *Nuceria* située dans la Calabre; il se propose de développer les motifs de cette opinion dans son ouvrage sur les médailles de l'Italie, qui doit bientôt paroitre.

ALLIBA in Campania.

Tête de Minerve, à droite.
Rev. Monstre marin à droite; au dessous, coquille. AR. 4.
T. I. n. 9.

Cette monnoye est de la même fabrique, et représente au revers le même monstre marin que les médailles avec l'inscription ΑΛΛΙΒΑΝΟΝ; elle n'en diffère que par la tête de Pallas et par le défaut de légende.

On a attribué généralement ces médailles à la ville d'Allifae dans le Samnium. Cette opinion cependant n'est gueres vraisemblable, leurs types indiquant une ville maritime, tandis qu'Allifae étoit à un grand éloignement de la mer. Comme toutes ces médailles se trouvent toujours dans les environs de Naples, il est plus probable qu'il y a eu sur les côtes de la Campanie, ou dans les îles voisines, une ville du nom d'*Alliba* dont les Géographes anciens ne nous ont conservé aucun souvenir; ce qui ajoute un nouveau poids à cette conjecture, c'est que le même monstre marin et le même coquillage se voyent sur la médaille de Cuma. Au reste, il y a eu plusieurs villes dans cette partie de l'Italie, qui ne nous sont connues que par les médailles; sans elles nous ignorerions l'existence d'Alliba, Bistuvis, et Hyria, et nous n'avons aucunes notions sur le site précis où elles ont jadis existé. Probablement on doit en attribuer la cause aux changemens que les noms de ces villes ont dû éprouver par suite des fréquentes révolutions politiques dont la Campanie à été le théatre.

ARPI in Apulia.

1. Cheval en course, à droite; au dessus, la lettre A.
Rev. Une faulx, ou crochet, dans le champ; à droite Λ. AR. 4.
T. I. n. 10.

2 Tête de Pallas, à droite.
Rev. ΑΡΠΑ écrit de droite à gauche; cheval en course, à gauche. AR. 4. *T. I. n.* 11.

La faulx, ou crochet, en Grec ἅρπη, qui est un des types du *n*. 1, paroit une allusion au nom de la ville d'*Arpi*, suivant l'opinion de M. Visconti, dont la vaste érudition et la saine critique ne cessent d'enrichir de nouvelles découvertes toutes les parties de la science de l'antiquité.

Mazzochi (1) n'admet point cette dérivation, parceque le mot ἅρπη, *faulx*, est aspiré, tandis que le nom de la ville est toujours écrit avec un esprit doux. Cette objection ne nous paroit point fondée; les anciens moins attachés à une si scrupuleuse exactitude, se contentoient d'une légère analogie dans le choix de leurs symboles, et en adoptoient qui n'avoient souvent rapport qu'à une portion seulement du nom qu'il vouloient désigner. Les habitans de Panticapée prirent pour emblême le dieu Pan par allusion à la première syllabe du nom de la ville; on en trouve aussi des exemples chez les Romains; dans la famille Pinaria, la paume de la main, en Latin *Carpus*, est employé par *Aphaeresis* comme emblême du surnom de *Scarpus*.

Cette même licence se retrouve dans la dérivation des noms; celui de la ville de Gaza (2) provenoit par *Prothesis* d'Aza ou Azon, nom d'un héros fils d'Hercule. La ville d'Aptéra en Crète étoit ainsi nommée, suivant Pausanias (3), d'un certain *Ptéras* qui bâtit le temple d'Apollon à Delphes, ou, suivant Etienne de Bysance (4), des ailes (en Grec πτερα) que les Sirenes jetterent dans cet endroit après avoir été vaincues par les Muses.

(1) Tab. Heracl. pag. 36. (3) Phocica lib. X. cap. 5.
(2) Stephanus Byzantius v. Γαζα. (4) Stephanus Byzant. v. Απτεραι

Le cheval, type du revers de cette médaille, est allusif, suivant la remarque d'Eckhel, au nom d'Argos Hippion, que cette ville portoit également; ce nom est désigné encore par la lettre initiale A placée au dessus.

La médaille *n*. 2. n'a jamais été publiée; on y voit d'un côté la tête de Minerve, divinité qui devoit être en grand honneur dans une ville, dont Diomède étoit fondateur.

Le type du revers est le même que celui de la médaille précédente.

TARENTUM *in Calabria*.

1 ΤΑΡΑΣ. Tête d'Apollon, à gauche.
Rev. ҺΗ. Hercule debout, assommant le lion; dans le champ, arc et carquois. AV. 3. *T. I. n*. 12.

2 Tête de Minerve, à gauche.
Rev. ΤΑ. Hercule enfant étouffant dans chaque main un serpent. AR. 4. *T. I. n*. 13.

Une médaille d'or semblable à celle gravée *T. I. n*. 12. a été publiée comme étant de la ville d'Heraclée en Lucanie. Sur celleci qui est d'une belle conservation, l'inscription ΤΑΡΑΣ étant parfaitement lisible, il n'y a pas lieu à douter qu'elle ne soit de *Tarente*. La lettre ҺΗ prise pour l'initiale de Heraclée, est celle du nom d'un magistrat, peut être ΗΡΑΚΛΗΤΟΣ que l'on lit souvent sur les monnoyes de cette ville.

Le revers représente Hercule qui assomme avec sa massue le lion de Némée; cet exploit étant le premier des douze travaux imposés à ce héros par Eurysthée, en étoit par cette raison le plus célèbre et celui que les artistes anciens se sont plu d'avantage à représenter.

Sur la médaille gravée *T. I. n*. 13. Hercule enfant étrangle les deux serpens envoyés par Junon pour le faire périr dans son berceau. Ce sujet a été aussi très-souvent traité par les artistes, comme ayant été le premier exploit de l'enfance de ce héros, et qui avoit d'autant plus de célébrité qu'il fut cause que les Argiens changèrent le nom d'Alcaeus donné d'abord à ce héros en celui d'Hercule.

On trouve aussi des monnoyes de cette ville, où l'on voit Hercule domptant les chevaux de Diomède, d'autres, où il étouffe Antée dans ses bras; peut-être que le tems en fera découvrir avec les autres travaux de ce héros qui étoit honoré d'un culte spécial à Tarente.

Hic sinus Herculei, si vera est fama, Tarenti.
Virgil. Aen. lib. III. v. 553.

CRASTUS *in Iapygia.*

Coquille.
Rev. ΓΡΑ. Aigle tenant dans ses serres un foudre. AE. 3. *T. I. n.* 14.

Il a été publié plusieurs médailles avec l'inscription ΓΡΑ qu'on a données à la ville de *Gravisca*, mais comme il n'y a pas d'exemple que dans l'Etrurie on ait frappé des monnoyes avec des légendes Grecques, il y avoit lieu à douter qu'elles n'appartinssent à quelque autre ville.

Celle que nous publions ici, de la même fabrique, et avec la même inscription que celles dont on vient de parler, présente un type différent, qui en confirmant les doutes qu'on avoit déjà sur l'origine de ces monnoyes, fournit heureusement le moyen de les résoudre. La coquille de l'espèce appellée *peignes*, étant un type qui se trouve exclusivement sur les monnoyes de Tarentum et de Butontum, villes situées dans l'Iapygie, fait voir que cette médaille doit aussi appartenir à la même contrée.

Parmi les villes de cette partie de l'Italie, dont les Géographes anciens nous ont conservé les noms, il y a celle de *Crastus*, à laquelle l'inscription ΓΡΑ et le type de la coquille se rapportent parfaitement; on n'hésite pas en conséquence d'y attribuer cette monnoye, et d'y restituer toutes celles qu'on avoit auparavant données à *Gravisca*. Le changement de κ en Γ n'est point une difficulté, ces deux lettres se confondant souvent dans l'orthographe aussi bien que dans la prononciation.

Etienne de Byzance fait mention de la ville de *Crastus* (1), et cite divers auteurs plus anciens qui en ont parlé; il la place en Sicile; mais on sait que ce nom étoit souvent donné à une partie de la Grande Grèce. Hérodote (2) semble indiquer qu'elle étoit près de Sybaris; la fabrique et les types conviennent à merveille à cette situation.

PAESTUM *in Lucania*.

ΠΑΙΣΤΑΝΟ. Tête jeune à longs cheveux; derrière, un cigne. *Rev.* Les Dioscures à cheval, à gauche; au dessous, M. AR. 2. *T. I. n.* 15.

Les médailles d'argent de Posidonia ne sont pas rares, mais on n'en connoissoit pas de cette ville, depuis que son nom fut changé en celui de *Paestum*, qui eut lieu probablement l'an de Rome 480. Celle ci, outre le mérite d'être la première de ce métal qui en ait été publiée, est recommendable par sa parfaite conservation et par la grande beauté du travail.

---

(1) Steph. Byzant. v. Κραστος. (2) Herodot. lib. V. cap. 45.

Elle doit avoir été frappée peu de tems après l'introduction de la colonie Romaine, quand l'usage de la langue Latine n'y étoit pas encore très-familier, comme on le voit par le mélange des lettres Grecques et Romaines.

La disposition des cheveux feroit penser que la tête qui est d'un côté, est celle d'Apollon, mais les cannes ou roseaux dont la couronne paroit être formée, désigne plutôt le Génie d'un fleuve, ou quelque ancien héros dont la mémoire aura été en vénération dans cette ville, que l'on croyoit métamorphosé en fleuve, et qui en aura été considéré comme le Génie. Le cigne placé derrière la tête étant un attribut des divinités des eaux, fortifie cette conjecture.

Le type de Castor et Pollux, fréquent sur les médailles de Rhégium et de Locres, paroit pour la première fois sur celles de cette ville; il y aura été sans doute apporté par la colonie Romaine. La couronne attachée au bout d'une palme qu'on voit à un des Dioscures, mérite d'être remarquée, ce symbole désignant des jeux célébrés en l'honneur de ces divinités.

RHEGIUM in Bruttiis.

ΡΗΓΙΝΩΝ. Tête d'Apollon laurée, à droite.
Rev. Tête de lion de face. AE. 3.

Quoique cette médaille soit des plus communes, et qu'elle ait été souvent publiée, on en donne ici de nouveau la description, à cause de sa relation avec celle de Nuceria, page 14.

Une tête de lion étoit l'emblème distinctif de Rhégium, et le type le plus usité des médailles de cette ville. Il ne faut pas, comme le pense Eckhel [1], chercher dans les rap-

---

[1] Doct. Num. Vet. Tom. I, p. 221.

ports politiques de ses habitans avec les Messéniens, les motifs qui les ont engagés à l'adopter; on trouve, à la verité, des médailles de Messana, ayant une tête de lion d'un côté, et une tête de boeuf au revers. Mais ces types qui n'appartiennent pas aux Messéniens, sont évidemment une imitation de ceux des médailles de Samos, et prouvent que ces monnoyes ont été frappées dans le tems que Messana étoit occupée par les Samiens; dès qu'ils en eurent été chassés par Anaxilas, les habitans qui restèrent dans cette ville, quittèrent ces emblêmes, comme étant ceux de leurs oppresseurs, et prirent à la place un lièvre et un char attelé de mules, qu'ils conservèrent constamment jusqu'à ce que les Mamertins s'emparèrent de leur ville. Or si les Rhégiens eussent emprunté ce symbole des Messéniens (1), ils l'auroient certainement abandonné dans le même tems.

(1) Ces médailles éclaircissent singulièrement la question si souvent discutée sur l'époque à laquelle la ville de *Zancle* a changé son nom en celui de *Messana*, et la déterminent avec plus de précision qu'on ne l'a fait jusqu'ici d'après les témoignages des Historiens.

Herodote (lib. IV. cap. 22. 23.) et Thucydide (lib. VI. cap. 5.) racontent que Zancle fut prise par les Samiens qui passèrent en Sicile après la conquête de l'Ionie par les Perses. Quelque tems après, Anaxilas, tyran de Rhégium, chassa les Samiens de Zancle, et changea le nom de cette ville en celui de Messana.

Pausanias (lib. IV. cap. 23.) et Strabon (lib. VI. pag. 185.) attribuent au contraire aux Messéniens le changement dans le nom de cette ville.

Par le secours des médailles avec l'inscription MESSENION, et les types de Samos, on peut encore concilier ces récits en apparence contradictoires; elles prouvent,

1. Que les Messéniens furent unis aux Samiens dans l'entreprise contre Zancle, et que ces deux peuples possédèrent la ville en commun pendant quelque tems.

2. Que la ville de Zancle changea son nom en celui de Messana à l'époque où elle fut prise par les Samiens; et que Thucydide s'est trompé en plaçant ce fait quelques années plus tard, au tems où Anaxilas s'en empara et expulsa les Samiens; il n'est pas pro-

Il est beaucoup plus probable que les habitans de *Rhégium* ont pris cet emblême des Léontins. Les monnoyes les plus fréquentes de *Rhégium*, qui ont une tête de lion d'un côté, et au revers une tête d'Apollon, sont tout à fait semblables par les types à celles de *Léontium*. Ces deux villes fondées par les Chalcidiens avoient une origine commune. L'Histoire fait souvent mention de l'union qui existoit entr'elles (1).

TERINA *in Bruttiis*.

Tête de femme, à droite, dans une couronne de laurier. *Rev.* Femme ailée assise, à gauche, recevant dans un vase posé sur ses genoux l'eau qui sort d'une tête de lion placée dans le mur, à ses pieds un cigne. AR. 2. *T. I. n.* 16.

La figure de femme ailée dans des attitudes aussi variées que gracieuses qui se voit constamment au revers des monnoyes de *Terina*, paroit être celle de la Nymphe de cette ville. Les divers attributs dont elle est accompagnée,

bable que les nouveaux habitans, dont il peupla cette ville, aient adopté les emblêmes des Samiens dont ils prenoient la place.

Pausanias s'est trompé en attribuant aux Messéniens venus d'Ithome, ce qui concerne les Messéniens établis à Rhégium. Nous savons par Strabon (lib. VI. pag. 177.) qu'une partie de ce peuple échappée du Peloponnèse se réfugia dans cette ville. Bien accueillie par les Rhégiens, elle resta parmi eux. C'est certainement de leurs descendans dont Pausanias a voulu parler, et comme Anaxilas, l'instigateur de l'entreprise contre Zancle, descendoit d'une de ces familles originaires de Messène, il aura été naturellement empressé de procurer à ses compatriotes un établissement aussi avantageux, en les associant aux Samiens.

Les meilleurs systèmes modernes de Chronologie s'accordent à fixer l'époque où Zancle fut prise pour la première fois à la quatrième année de la soixante dixième Olympiade; il faut en conséquence y placer celle du changement du nom de cette ville.

(1) Thucyd. lib. III. cap. 87, et lib. VI. cap. 44. et 79.

sont allusifs à des événemens intéressants pour ses habitans dont on a eu intention de conserver le souvenir en les indiquant sur les monnoyes (1). La grenade que cette figure tient quelque fois, désigne des fêtes célébrées en honneur de Proserpine; la couronne de laurier, des jeux, ou des sacrifices à Apollon; une colombe posée sur la main de la Nymphe, ou sur un autel, a rapport au culte de Vénus; une branche de laurier indique une expiation, un caducée, la paix et la concorde; quelquefois la figure est assise sur un vase renversé, qui chez les anciens étoit l'emblême d'une rivière ou d'une fontaine.

Sur la médaille publiée ici pour la première fois, on voit une femme assise qui reçoit dans un vase posé sur ses genoux, les eaux qui s'échappent d'une tête de lion (2) placée dans une muraille; c'est probablement l'indication d'une fontaine qui aura été en grande vénération parmi les habitans. La femme assise doit être la Nymphe de cette fontaine, et le cigne qui est devant elle, l'objet naturel des soins d'une divinité des eaux.

Peut-être a-t-on voulu indiquer un de ces réservoirs, *Castella*, qui fournissoient de l'eau pour tous les besoins des habitans; on en construisoit souvent à de très-grands frais; c'étoit jusques dans des édifices de ce genre que les anciens aimoient à donner des preuves d'une magnificence utile (3).

---

(1) Hunter Tab. LVIII. n. 1—14.

(2) Cet ornement étoit le plus généralement usité pour les fontaines, et par cette raison le lion en étoit appellé le gardien, κρηνοφυλαξ. Pollux lib. VIII. cap. 9.

(3) La fameuse piscine ou réservoir d'eau d'Agrigente, construit par les prisonniers Carthaginois, avoit sept stades de tour, et vingt coudées de profondeur. Diodor. Sicul. lib. XI. cap. 25.

La tête de femme placée au milieu d'une couronne de laurier, est suivant Eckhel, celle de la Sirène Ligéa dont le tombeau étoit près de cette ville. Mais comme il n'y a aucun attribut qui puisse la caractériser pour telle, nous n'osons ni admettre, ni rejetter cette opinion; remarquant que la même tête se trouve sur les monnoyes de Naples, Cuma, Métapont, et d'un grand nombre d'autres villes.

SUPPLEMENT A L'ITALIE.

ATELLA *in Campania.*

Tête de Jupiter laurée, à droite; derrière, deux globules. *Rev.* ꓥꓳꓱꓤꓠ. Deux figures debout, le pallium rejetté en arrière, tenant chacune dans la droite un bâton, et de la gauche une truie. AE. 2. *T. I. n.* 17.

Le savant Mazzochi (1) a le premier publié une médaille semblable, et a lu dans les lettres Osques qui en composent la légende, le nom de la ville d'Acerrae en Campanie, écrit, suivant le dialecte Osque, ACERU. Ce sentiment a été adopté par tous les antiquaires, et Eckhel (2) a lu de la même manière deux médailles du Cabinet Impérial de Vienne avec la même légende, mais avec des types différents.

En discutant cependant avec attention la valeur des caractères, il paroit qu'on peut en proposer une autre explication. Il est évident par la gravure qu'en a donnée Mazzochi, que ce savant n'a pris la seconde lettre pour un K, que faute d'avoir apperçu que la partie supérieure étoit ar-

(1) Saggi di Cortona, T. III, pag. 1.   (2) Numi Veteres anecdoti, pag. 20.

rondie et fermée comme un R Latin. On doit être surpris que les antiquaires qui depuis ont rectifié la forme de cette seconde lettre par le secours de médailles mieux conservées que ne l'étoit probablement celle de Mazzochi, sans réfléchir que cette différence dans la forme devoit en produire une dans la valeur, aient néanmoins continué a prendre ce caractère R pour un K, d'après l'autorité de cette médaille, comme on peut le voir dans les alphabets Osques publiés par Eckhel et Lanzi.

L'auteur d'un savant ouvrage moderne (1) s'est apperçu de cette erreur, et a pensé avec raison que ce caractère R devoit être un D dans l'alphabet Osque, où on étoit auparavant surpris de ne pas trouver cette lettre si essentielle dans une langue qui avoit tant de rapport avec la Latine.

M. Carelli aussi distingué par ses connoissances que par sa belle collection de médailles de Sicile et de la Grande Grèce, dont il nous fait espérer bientôt une description, est de la même opinion à l'égard de ce caractère, et sur la médaille attribuée par Eckhel (2) à Acheruntia, a lu *Acedunniad*, et l'a restituée en conséquence à la ville d'Aquilonia dans le Samnium dont le nom ancien, suivant qu'il est écrit sur les monnoyes, se retrouve dans celui de *Lacedogna* que cette ville porte aujourdhui.

Dans plusieurs inscriptions on trouve le mot MERRIS; il est certain qu'il faut y lire *Meddix* qui dans la langue Osque signifioit *Magistrat*. Sur les monnoyes de Teanum et Aquilonia, la lettre finale est un D, d'après l'analogie du datif Latin, comme on l'a déjà observé en parlant de la médaille de Calatia. Sur une médaille avec le nom

(1) Dissertationes Isagogicae ad Herculanensium voluminum explanationem, Neapoli 1797.

(2) Sylloge I, post praefat.

des Sidiciniens (1) la troisième lettre R est incontestablement un D. Il seroit facile d'alléguer beaucoup d'autres exemples.

La cinquième lettre prise jusqu'à présent pour un V, est certainement un L de la forme la plus commune et la plus généralement reconnue, telle qu'on la voit sur les monnoyes de Nuceria et Calatia, et sur une infinité d'autres monumens.

En restituant leur véritable valeur à ces deux caractères, on trouvera dans la légende de cette médaille le mot ADERL dont l'analogie avec le nom de la ville d'Atella est si naturelle, qu'il est impossible de ne pas y rapporter cette médaille. Le changement de D en T ne doit faire aucune difficulté, puisqu'on confondoit souvent ces deux lettres dans la prononciation aussi bien que dans l'orthographe: sur le scarabée de Stosch qui représente cinq des héros de la première expédition contre Thèbes, *Atreste* est écrit pour *Adraste*, et *Tute* pour *Tude* (2). Le changement de L en R s'effectuoit quelquefois également: on trouve *Remuria* pour *Lemuria*, comme dans le Grec φαυρος pour φαυλος. La suppression de la lettre finale étoit ordinaire dans la langue Osque (3).

La parfaite ressemblance de ces monnoyes par les types, par la fabrique, et par le poids, avec celles de Capoue, est encore une raison puissante de les restituer à Atella (4), que l'on sait par l'Histoire avoir toujours été dépendante

---

(1) Hunter. Tab. LVII. fig. 3.

(2) Winckelmann, Description des Pierres gravées, page 344.

(3) Lanzi, Saggio di lingua Etrusca, tom. I. pag. 126.

(4) Atella et Calatia furent les seules villes de la Campanie qui suivèrent l'exemple de Capoue, abandonnant le parti des Romains et prenant celui d'Hannibal dans la seconde guerre Punique. Tit. Liv. lib. XXII. cap. 61.

ou alliée de Capoue, tandis que la ville d'Acerra a toujours suivi le parti des Romains, et n'a jamais eu avec Capoue les relations que la conformité des monnoyes indique.

Les médailles d'Atella doivent avoir été frappées entre les années 490 et 542 de Rome, les globules qui s'y voyent, ayant rapport avec l'As réduit à trois onces. Elles ne peuvent pas être antérieures à la première époque, l'As étant auparavant de douze onces, ni postérieures à l'an 542, que cette ville rentra sous la puissance des Romains, et fut privée de l'exercice de tous ses droits politiques. D'ailleurs en 557, suivant Pline, l'As fut reduit à une once, et les villes de l'Italie ont dû conformer leur système monétaire à celui de Rome, et suivre l'exemple de cette réduction.

CORFINIUM in *Pelignis*.

1 EITELIV. *en lettres Osques*. Tête casquée, à gauche. *Rev.* C. PAAPI. *en lettres Osques*. Quatre chefs de la guerre sociale, prêtant serment sur une truie, que leur présente un homme à genoux. AR. 3. *T. I. n.* 18.

2 EITELIV. *en lettres Osques*. Tête laurée, à gauche. *Rev.* Figure militaire debout, la main droite posée sur la haste, tenant de la gauche le *Parazonium;* devant elle, un boeuf couché. AR. 3. *T. I. n.* 19.

3 ITALIA. Tête laurée, à gauche. *Rev.* Huit chefs de la guerre sociale, prêtant serment sur une truie, que leur présente un homme à genoux; derrière, une haste plantée en terre. AR. 3. *Pellerin, Suppl. III. tab.* 3.

4 Tête laurée, à droite. *Rev.* ITALIA. Femme assise sur des boucliers, tenant de la main droite une haste, et de la gauche le *parazonium,* couronnée par une figure ailée. AR. 3. *Pellerin, l. c.*

(29)

Ces médailles et plusieurs autres du même genre ont été déjà publiées, mais les explications qui en ont été données étant peu satisfaisantes, elles peuvent devenir l'objet d'un nouvel examen.

Il est reconnu qu'elles ont été frappées par la confédération des divers peuples de l'Italie, qui fut formée l'an de Rome 663, à l'effet d'obtenir par la force des armes, le droit de cité, et les privilèges que les Romains leur avoient fait espérer depuis long-tems, et que sous divers prétextes ils tardoient toujours de leur accorder.

On n'étoit pas également d'accord sur la ville qui les a fait frapper; cependant trois passages de Strabon (1), Diodore de Sicile (2), et Velleius Paterculus (3), auxquels on n'avoit pas fait attention, levent toute difficulté sur ce point, et nous apprennent de la manière la plus positive, qu'elles sont de *Corfinium*, ville principale des Peligni, que les confédérés choisirent pour leur capitale, et en changèrent le nom en celui d'*Italia*, qui se lit effectivement sur ces monnoyes, tantôt écrit ITALIA en lettres Latines (4), tantôt en lettres Osques HITELIV, ou VITELIV (5). Il semble d'abord qu'il y ait une différence entre les deux inscriptions,

---

(1) *Corfinium*, quod est Pelignorum caput, occupatum communem omnibus Italis loco Romae urbem designaverunt, bellique arcem, et *Italicae* nomen indiderunt. Strabo lib. V. pag. 167.

(2) Κορφινιον.... την κοινην πολιν Ιταλιαν ονομασαντες. Diodor. Sicul. lib. 37. cap. 1.

(3) Caput Imperii sui *Corfinium* legerant; quod appellarunt Italicum. Vellejus Paterc. lib. XI. cap. 16.

(4) A l'époque de cette guerre la langue Latine étoit devenue presque générale dans toute l'Italie, et s'employoit concurremment avec les divers dialectes qui y étoient en usage. V. Festus et Aulus Gellius.

(5) Varro R.R. L.II. cap. 5. dit que le mot Grec Ιταλος passant dans le Latin, changea l'aspiration en V, et fut rendu *Vitulus*. Lanzi Tom.I. pag.129.

mais en les comparant attentivement, on ne trouve que celle provenant du génie particulier à chaque langue (1).

Les confédérés réunis dans cette ville de *Corfinium,* ou *Italia,* y élurent des consuls et autres magistrats, formèrent un sénat composé des envoyés des divers peuples de la ligue, et établirent une forme de gouvernement entièrement à l'imitation de celui de Rome. Ces monnoyes sont une preuve de cet esprit d'imitation, tous les types étant empruntés des monnoyes Romaines; c'est donc d'après leur analogie avec celles-ci qu'on doit en chercher l'explication.

La tête casquée (*n.* 1.) est imitée de celle qui se voit sur la plûpart des consulaires; les antiquaires ont jugé qu'elle étoit celle de la déesse Rome, mais Eckhel (2) la croit celle de Minerve; sans vouloir discuter cette question assez difficile à résoudre, on se borne à observer que suivant l'une ou l'autre de ces opinions, la tête en question est celle de Minerve ou de l'Italie personifiée. Le revers ayant été déjà illustré, n'exige aucune explication.

La tête laurée (*n.* 2. 3. 4.) pourroit être prise pour celle d'Apollon, si le collier dont elle est parée, n'indiquoit pas que c'est une femme; l'inscription à côté feroit croire que c'est l'Italie personifiée; cependant, comme la légende ne se rapporte pas toujours au type, elle pourroit aussi être celle de la Concorde, que les médailles de la famille *Vinicia* nous offrent de cette façon ; on ne peut néanmoins

---

(1) La première lettre n'est qu'une aspiration ou digamma Aeolique, le changement d'A en E avoit lieu souvent dans le Latin ancien comme dans le dialecte Attique; on trouve *dicem, faciem* pour *dicam, faciam*; la finale A est ordinairement changée en V dans les monumens Etrusques; un ancien scholiaste de Plaute dit, *Lingua Umbrorum vertit V in O, Etrusci contra A in V*. Lanzi Tom. I. pag. 123.

(2) Doctr. Num. Vet. Tom. V. p. 84.

rien assurer de positif à cet égard, plusieurs vertus personifiées, comme *Pax, Salus, Fides* etc. ayant été figurées sous l'emblême commun d'une femme couronnée de lauriers.

La figure casquée au revers du *n*. 2. n'est pas le dieu Mars, comme l'a supposé Eckhel. La longue tunique dont elle est revêtue, ne permet pas de douter que ce ne soit une femme. L'analogie dans le costume et dans les attributs désigne l'Italie représentée de la même manière que la déesse Rome. Le boeuf placé devant elle est allusif au nom de l'Italie, suivant l'étymologie donnée par Varron et Denis d'Halicarnasse. Cette figure pose le pied sur un objet, que sa petitesse et le peu de fini du travail de la médaille, rendent très-difficile de bien distinguer; on l'a pris pour un casque, mais il nous paroit que c'est plutôt une tête de louve, emblême connu de Rome; ce type seroit donc une allégorie à la puissance Romaine foulée au pied par l'Italie. Une autre médaille de cette ville, dont le type est un boeuf (emblême de l'Italie) terrassant une louve (1), donne un grand dégré de probabilité à notre conjecture.

Au revers du *n*. 3. on voit huit chefs qui prêtent serment sur une victime; une haste plantée en terre représente le dieu Mars, suivant l'ancien usage des Romains et des Sabins rapporté par Clement d'Alexandrie (2); la formule *In Regia Hastas Martias movere*, qu'on trouve dans Aulus Gellius (3), se rapporte à cet usage.

Le revers du *n*. 4. présente l'Italie couronnée par la Victoire à l'imitation des consulaires des familles *Caecilia*,

---

(1) Cette médaille a été publiée par M. Dutens pag. 222; mais il est à croire qu'elle n'étoit pas bien conservée, comme il y a vu un crocodile au lieu d'une louve.

(2) Protrepticon pag. 44. edit. Potteri.

(3) Aul. Gell. lib. IV. cap. 8.

Nonia, et *Publicia*, où Rome est représentée de la même façon.

Pour prévenir les objections qui pourroient être faites sur la diversité dans la manière dont l'Italie est figurée, il convient d'observer que les anciens ont beaucoup varié dans leurs représentations allégoriques. Rome qui se voit ordinairement armée de la même manière que Minerve, est sans aucun de ses attributs, sur les médailles consulaires que nous venons de citer, sur une médaille de la ville de Locres (1), et sur celles de l'Asie mineure, qui ont pour inscription, Θεαν Ρωμην; la même diversité ne doit donc pas surprendre sur les monnoyes dont il est ici question, puisque tous leurs types sont à l'imitation de ceux usités par les Romains.

La fabrique de toutes ces médailles est assez grossière, et se ressent de l'influence des circonstances malheureuses où elles ont été frappées.

EUBOEA in Sicilia.

ΕΥΒΟΙΑ. Tête d'Apollon, à droite.
Rev. ΓΕΛΩΙΩΝ. Boeuf à face humaine, posé sur une épi de bled. AR. 4. *T. I. n.* 20.

C'est pour la première fois qu'une médaille de la ville d'*Euboea* en Sicile ait été publiée; celleci y est attribuée avec d'autant plus de certitude, que la fabrique et l'alliance avec les habitans de Sélinonte qui y est énoncée, ne permettent pas de la donner à aucune autre ville de ce nom.

Cette ville que l'on croit avoir été située dans le lieu où est aujourdhui *Terra nova*, entre les promontoires *Pachynus* et *Lilybée*, étoit, suivant Strabon (2), une colonie

---

(1) Pellerin, Tom. 1. Pl. VIII. n. 26. (2) Strabo lib. VI. pag. 188.

(33)

de Chalcis fondée par les Léontins. D'ailleurs, sans cette autorité le nom en indiqueroit assez l'origine. Elle fut prise par Gélon (1) qui en expulsa les habitans, et la rendit dépendante des Syracusains. Il est probable qu'après la mort de ce prince, cette ville aura recouvré sa liberté. L'alliance avec Gélas dont il est ici question, en est même une preuve. Il paroit qu'elle fut détruite dans les guerres contre les Carthaginois, et au tems de Strabon elle n'étoit plus habitée.

La tête qui se voit d'un côté, doit être celle d'Apollon Αρχηγετης, ou conducteur de la colonie; ce nom fut donné à Apollon à cause que toutes les colonies Chalcidiques fondées en Sicile, y furent envoyées d'après les oracles de ce dieu.

Le boeuf à face humaine, posé sur une épi de bled, qui est le type du revers, paroit employé comme un symbole de l'agriculture, ainsi qu'on l'a déjà remarqué pag. 11. Eckhel (2) à décrit une médaille où il est fait mention d'une alliance entre Syracuse et Sélinonte avec ces mêmes types; une pareille conformité nous fait soupçonner que la médaille d'Eckhel n'étoit pas d'une parfaite conservation, et qu'au lieu de ΣΥΡΑ il faudroit lire ΕΥΒΟΙΑ; la ressemblance entre les trois premières lettres rend cette méprise très-facile.

CHERSONESUS *Taurica.*

ΧΕΡCΟΝΗCCΟ. Diane lançant un javelot contre un cerf, à gauche.

Rev. ΕΛΕΥΘΕΡΑC. Boeuf marchant, à gauche. AE. 2. *T.II.n.*1.

Cette médaille qui n'a jamais été publiée, représente

(1). Herodot. lib. VII. cap. 156.   (2) Doct. Num. Vet. pag. 241.

e

d'un côté Diane, qui suivant Pomponius Mela (1), avoit fondé la ville de *Chersonésus*, et qui y étoit honoré d'un culte particulier. Le taureau, type du revers, est comme l'a observé Eckhel (2), allusif au nom de *Taurica* que portoit cette ville, ainsi que toute la péninsule.

L'inscription est en dialecte Dorique; cette ville, selon Pline (3), ayant été fondée par celle d'Héraclée de Pont, qui étoit une colonie de *Mégare*, ses habitans étoient Doriens. La terminaison du génitif en O au lieu de OY paroit une affectation d'archaïsme, comme on n'apperçoit aucune trace de l'Y, après le mot Χερσονησσο.

TEMPYRA *in Thracia.*

Tête de Mercure, à droite; sur le pétase est une petite roue ou étoile.

Rev. TAM dans les rayons d'une roue. AR. 4. *T. II. n.* 2.

On croit pouvoir attribuer cette médaille à la ville de *Tempyra* en Thrace, comme elle ressemble beaucoup, par sa fabrique et par ses types, aux monnoyes de cette contrée. La petite tête de Mercure se voit sur celles d'*Aenos* (4) dont *Tempyra*, selon Tite Live, étoit peu éloignée, et la forme particulière du T ne se retrouve que sur les monnoyes de Mesembria (5), qui ont aussi pour type une roue.

Cellarius pense que cette ville est la même que celle appellée *Timporum* dans l'Itinéraire d'Antonin; mais la situation de cette dernière qui étoit dans l'intérieur des terres

---

(1) Pomp. Mela lib. II. cap. 1.
(2) Doct. Num. Vet. T. II. pag. 2.
(3) Plin. lib. IV.
(4) Eckhel Num. Vet. anecd. T. IV. fig. 17.
(5) Id. Tab. V. pag. 2. et 3.

près de *Trajanopolis*, ne s'accorde pas avec celle donnée à *Tempyra* par d'autres auteurs.

D'après ce qu'en dit Ovide (1), on doit croire que *Tempyra* étoit une ville maritime dans la partie du continent la plus rapprochée de l'île de Samothrace. Cet auteur fatigué d'une longue navigation, y débarqua, et s'achemina par terre jusques à Tomi, lieu de sa destination, tandis que son navire s'y rendoit par l'Hellespont.

Inde levi vento Zerynthia littora nactis
 Threiciam tetigit fessa carina Samon.
Saltus ab hac terra brevis est Tempyra petenti;
 Hàc dominum tenus est illa secuta suum.
    Ovid. Trist. lib. I. eleg. 9.

Du récit de Tite Live (2) on infère également que cette ville étoit sur les bords de la mer; il est probable qu'il faut en fixer la position près du promontoire de *Serrium* entre *Aenos* et *Mesembria*. Le type et la fabrique de la médaille publiée ici pour la première fois, se rapportent parfaitement à cette situation.

On ne hazarde aucune explication de la petite roue ou étoile, qui se voit sur le pétase de Mercure, ni de celle qui forme le type du revers.

AENIANES.

Tête de Jupiter, à droite.
Rev. ΑΙΝΙΑ ΕΠΙΚΡΑΤΙΝΩΝ. Fer de lance, et mâchoire de sanglier. AE. 3. *T. II. n.* 3.

Le pays occupé par les Aenianes étoit limitrophe de l'Aetolie. C'est par cette raison qu'on voit sur cette mon-

---

(1) Ovid. Trist. lib. I. eleg. 9. (2) Tit. Liv. lib. XXXVIII. c. 41.

noye la machoire de sanglier, et le fer de lance qui ont rapport à la chasse de Calydon. Ce type se retrouve non seulement sur les médailles des Aetoliens, mais aussi sur celles de plusieurs villes voisines, entr'autres, d'Amphissa dans la Locride, et des Oetéens en Thessalie.

PELINNA in *Thessalia*.

Tête de Pallas, à droite.
Rev. ΠΕΛΙΝΝΑΙΕΩΝ. Victoire debout, tenant de la main droite une couronne. AE. 2. *T. II. n.* 4.

Cette médaille de la ville de *Pélinna* en Thessalie n'a rien de particulier, et on ne l'a fait graver que parcequ'il n'en a point été publié en bronze. Les médailles d'argent de cette ville sont d'une époque fort ancienne; la fabrique et les types de celleci font voir qu'elle est postérieure au règne d'Alexandre.

PYTHIUM in *Macedonia*.

Tête de Minerve, à droite.
Rev. ΠΥΘΙΑΤΩΝ. Cheval paissant, à gauche. AE. 2. *T.II. n.* 5.

Pellerin a publié, *Tom. I. Tab.* 32. *fig.* 53, une médaille qu'il attribua à la ville de *Pythium* en Macédoine, mais que M. Sestini a prouvé devoir être restituée à *Phocœa* en Ionie.

La médaille publiée ici pour la première fois, est jusques à présent la seule qu'on puisse attribuer avec certitude à cette ville; elle étoit située, selon quelques auteurs, en Thessalie, d'autres la placent en Macédoine. Cette diversité provient des changemens que les limites de ces deux pays ont éprouvés à des époques différentes.

Comme cette médaille ressemble par ses types et par sa

fabrique aux monnoyes de *Bottiœa, Pella, Thessalonica*, et autres villes de la Macédoine, nous suivons l'opinion de ceux qui placent dans cette contrée la ville de *Pythium*.

PHOENICE in Epiro.

Tête de Diane, à droite.
Rev. ΦΟΙΝΙΚΑΙΕΩΝ. Fer de lance dans une couronne de laurier. AE. 3. *T. II. n.* 6.

Eckhel (1) a publié une médaille semblable du Cabinet Impérial de Vienne, où il a lu ΦΟΙΝΙΚΑΠΕΩΝ. Sur celleci qui est très-bien conservée, on lit distinctement ΦΟΙΝΙΚΑΙΕΩΝ qui s'accorde avec le nom donné à cette ville par Tite Live, Strabon, Ptolémée, et les médailles Impériales.

La ville de *Phœnice* étoit, suivant Strabon (2), près de *Buthrotum;* on n'a pas de détails sur son origine, mais d'après son nom, on doit croire qu'elle a été fondée par une colonie de la Phœnicie; peut-être fut-elle ainsi nommée d'après ces mêmes Phœniciens qui transportèrent en Grèce la prêtresse du temple de Jupiter de Thebes en Egypte, qui institua, suivant Herodote (3), le culte et l'oracle de ce dieu à Dodone. Cette conjecture est d'autant plus vraisemblable, que la ville de *Phœnice* étoit peu éloignée de celle de Dodone.

ALEXANDER II, Rex Epiri.

Tête d'Hercule, à droite.
Rev. ΑΛΕΞΑΝΔΡΟΥ. Deux aigles en regard, posés sur un foudre; au milieu, une feuille de chêne. AR. 4. *T. II. n.* 7.

Les aigles et la feuille de chêne, type du revers de cet-

---

(1) Doctr. Num.Vet.Tom.II. p.167. (3) Herodot. lib. II, cap. 56.
(2) Strabo, lib. VII, pag. 224.

te médaille qui n'a jamais été publiée, sont des signes trop caractéristiques pour pouvoir laisser de l'incertitude sur son origine, et l'attribuer à tout autre prince du nom d'Alexandre, qu'au roi d'Epire, deuxième de ce nom, fils de Pyrrhus.

Les autres monnoyes (1) de ce prince le représentent avec les dépouilles d'un éléphant, à l'imitation de la coëffure de son oncle Agathocle; ici il est représenté avec la peau de lion, à l'instar d'Alexandre dont il portoit non seulement le nom, mais dont il étoit parent.

Il est incertain si c'est le portrait de ce prince qui est ici figuré; vû la petitesse de la médaille, il est difficile de pouvoir s'en assurer.

METROPOLIS in *Acarnania*.

Tête de Minerve, à gauche; derrière, un bouclier et la lettre Σ.
Rev. Le cheval Pégase, à gauche; au dessous, MH *en monogramme.* AR. 2. *T. II. n.* 8.

Une tête de Pallas et le cheval Pégase, types les plus usités des médailles de Corinthe, ayant été imités par un grand nombre de ses colonies, particulièrement celles établies en Acarnanie; on attribue cette médaille à la ville de *Métropolis* d'Acarnanie, dont le nom est désigné par les lettres MH qui composent le monogramme placé sous le Pégase.

L'Histoire ne dit pas, à la vérité, que cette ville ait été fondée par les Corinthiens; mais presque toutes les villes de cette contrée l'ayant été, on peut cependant le présumer.

---

(1) Eckhel Num. Vet. anecd. Tabula VII. fig. 11.

Jusques à présent on ne connoissoit pas de médailles de cette ville.

AETOLIA.

Tête de Minerve casquée, à droite.
Rev. ΑΙΤΩΛΩΝ. Femme assise sur des boucliers, une épée courte au côté gauche, tenant de la main droite la haste, et dans la gauche une petite Victoire; dans le champ une double hache, au dessous ΔΙ. AV. 2. *T. II. n.* 9.

Des médailles semblables ont été publiées dans le Catalogue de Theupoli, et par Eckhel (1). Ce savant se contente d'en dire, que la figure du revers paroit être la même que celle qui se voit sur les médailles des Aetoliens, représentant Apollon, suivant Beger; Méléagre ou Aetolus, selon Spanheim; sans cependant décider la question, ni proposer une nouvelle explication.

Des monnoyes d'or de cette grandeur n'ayant été guères en usage parmi les peuples de la Grèce; on doit croire que celles-ci ont été frappées dans quelque occasion extraordinaire. En recherchant les événemens qui ont pu y donner lieu, on n'en trouve point dans l'histoire des Aetoliens de plus interessant, et dont le souvenir méritât d'avantage d'être transmis à la postérité, que les Victoires qu'ils remportèrent sur les Gaulois la seconde année de la 125 Olympiade (2), et la destruction de l'armée de Brennus qui avoit ravagé la Grèce, et particuliérement l'Aetolie, pendant si long tems. Pausanias nous apprend que pour en éterniser la mémoire, les Aetoliens consacrèrent à Delphes

---

(1) Numi Vet. inedit. Tab. VII. n. 22. (2) Pausanias, Phocica, c. 21. et 22.

un trophée et une statue de femme armée, représentant l'Aetolie (1).

Il est à croire que la médaille d'or publiée ici a été frappée dans cette occasion mémorable, et que la figure armée qui se voit au revers, est celle de l'Aetolie, peut-être même une copie de la statue que décrit Pausanias; la tunique courte dont elle est revêtue à la manière des Amazones, la haste, et l'épée désignent une contrée guerrière, la *causia* dont sa tête est couverte, coëffure servant à la guerre comme à la chasse, est un attribut qui caractérise particuliérement l'Aetolie, par allusion à la fameuse chasse de Calydon. La petite statue qu'elle tient dans sa main, indique une victoire, et les boucliers sur lesquels elle est assise, d'une forme particulière et semblables aux *gerrhae* des Perses, comme en effet Pausanias (2) nous décrit les boucliers des Gaulois que les Aetoliens firent suspendre aux architraves du temple de Delphes, font connoître que c'est la victoire sur les Gaulois qu'on a eu intention de rappeller (3).

La tête de Minerve (4) représentée d'un côté, est un type convenable à une médaille frappée dans une pareille occasion, cette déesse que l'on confondoit quelquefois avec la Victoire, étant celle qui présidoit aux entreprises militaires.

(1) Id. cap. 18.
(2) Id. cap. 19.
(3) La figure armée portant un trophée qui se voit dans le champ de la médaille du Cabinet de Vienne (Eckhel loc-cit.) paroit un accessoire au type principal plûtot qu'un symbole de monetaire. Il en est de même du trépied surmonté d'un corbeau, sur la médaille de Florence. Ces attributs d'Apollon ont sans doute rapport aux offrandes faites en cette occasion dans le temple de ce dieu à Delphes.

(4) Parmi les offrandes consacrées à Delphes, il y avoit aussi une statue de Minerve. Pausan. Phocica, cap. 15.

Cette médaille est semblable par le poids, la grandeur, et le type de Minerve aux statères d'or d'Alexandre; elle n'en diffère que par la figure de l'Aetolie substituée à celle de la Victoire. Cette imitation des monnoyes de ce conquérant indique bien le caractère vain et arrogant que les auteurs anciens s'accordent à reprocher aux Aetoliens.

DELPHI. *in Phocide.*

1 ΔΕΛΦΩΝ. Apollon vêtu de la *stola*, et jouant de la lyre, à droite.
Rev. Un trépied. AE. 2. *T. II. n.* 10.

2 ΔΕΛΦΩΝ. Même figure d'Apollon.
Rev. Le Mont Parnasse, et l'inscription ΠΥΘΙΑ, dans une couronne de laurier. AE. 2. *T. II. n.* 11.

3 ΘΕΑ ΦΑΥΣΤΕΙΝΑ. Tête de Faustine, à droite.
Rev. ΔΕΛΦΩΝ. Temple dans lequel est une statue. AE. 2. *T. II. n.* 12.

On ne connoissoit pas de médailles autonomes de la ville de Delphes. Celles gravées ici pour la première fois, sont d'autant plus intéressantes, qu'elles ont été trouvées à Delphes même par M. Dodwell, savant voyageur Anglois.

Il est à croire que la figure d'Apollon qui se voit au revers, est une copie de la principale statue de ce dieu, placée dans le temple de Delphes. Le nom de Pythien (1) donné à Apollon, lorsqu'il est ainsi vêtu de la *stola*, et jouant de la lyre, et l'affectation constante de Néron (2) de se faire représenter sous ces mêmes traits, sont des circon-

---

(1) *Pythius in longa carmina veste canit.* Propert. lib. II. eleg. 23. Tav. 16. et Eckhel Doct. Num. Vet. Tom. VI. pag. 275.
(2) Museo Pio-Clementino Tom. I.

stances qui donnent un grand dégré de probabilité à cette opinion (1).

Le silence de Pausanias qui ne parle pas de cette statue dans sa description de Delphes, provient probablement de ce qu'elle n'y étoit point de son tems, et aura été sans doute comprise parmi celles que Néron en fit enlever (2). Les nombreuses répétitions que l'on en trouve sur les monumens de l'antiquité, indiquent le cas infini que l'on en faisoit, comme de l'ouvrage d'un artiste célèbre.

L'auteur inconnu de cette belle statue semble avoir voulu exprimer le moment où Apollon, comme le décrit Homère dans son hymne a ce dieu, conduit les Crétois à Delphes, et leur désigne le site où il vouloit qu'on lui érigeat un temple.

Ηρχε δ'αρα σφιν αναξ Διος υιος Απολλων,
Φορμιγγ' εν χειρεσσιν εχων, αγαθον κιθαριζων,
Καλα και υψι βιβας.

Praeibatque ipsis Rex Jovis filius Apollo
Citharam in manibus habens, admirabiliter ludens,
Pulchré et sublimiter gradiens.

Homer. Hymn. ad Apoll. v. 514. 516.

Peut-être aussi a-t-on voulu représenter Apollon célébrant sa victoire sur le serpent Python, ou sa réconcilia-

---

(1) On connoit la passion extravagante de cet Empereur pour la Poësie et la Musique; il monta lui même sur le théatre pour en disputer le prix, et fit exprès le voyage de la Grèce dans l'intention d'assister aux jeux, où il chanta publiquement. L'institution des jeux *Néroniens* à l'instar des Pythiens, et le nom de *victor Pythius* qu'il se fit donner dans les acclamations publiques, prouvent qu'il vouloit être considéré comme un nouvel Apollon Pythien, et représenté de la même manière dont l'étoit ce dieu.

(2) Pausanias, Phocica, cap. VII.

tion avec Hercule qui lui avoit enlevé son trépied (1). Toutefois l'artiste paroit avoir exécuté la statue d'après la description du Poëte.

Au revers de la médaille n. 10. est le fameux trépied qui a appartenu successivement à la Terre, à Thémis, et ensuite à Apollon, posé dans le lieu que l'on croyoit être le point central de la terre; il étoit l'arbitre des destinées de la Grèce entière, et l'objet de sa vénération et de son admiration.

La couronne de laurier du n. 11. et l'inscription ΠΥΘΙΑ placée au milieu, désignent les jeux Pythiens qui étoient célébrés tous les cinq ans; au dessous se voit le Mont Parnasse représenté avec trois sommets, qui se decouvrent en effet par qui le considère de Delphes même. Les Poëtes qui ne lui donnent que deux sommets, l'ont probablement vu de quelqu'autre côté (2).

La médaille de l'Impératrice Faustine la mère, où se voit au revers un temple, n'a point été publiée; il est à remarquer que la figure d'Apollon placée au devant, est différente de celle qui est sur les médailles précédentes.

THEBAE in Boeotia.

1 Un bouclier.
Rev. Carré creux divisé en huit parties inégales, dont qua-

---

(1) Sur un vase de terre peint, on voit d'un côté Hercule enlevant le trépied à Apollon, et de l'autre, Apollon jouant de la lyre dans la même attitude que sur ces monnoyes.

(2) Presque tous les Poëtes Latins donnent au Parnasse l'epithète de *biceps*. Ovid. Metam. lib. II. vers. 18. Persius, Prolog. vers. 2. Lucan. lib. V. vers. 72. etc. etc.

tre plus profondes sont disposées en ailes de moulin; au milieu la lettre Θ. AR. 1. *T. II. n.* 13.

2 Un bouclier.
Rev. ... ΒΑΙΟΣ. Hercule un genou à térre, devant lui sa massue. AR. 1. *T. II. n.* 14.

3 Un bouclier.
Rev. ΘΕ. Hercule enfant, tenant de chaque main un serpent. AR. 1. *T. II. n.* 15.

4 La moitié d'un bouclier.
Rev. ΘΕ. Une grappe de raisin. AR. 4. *T. II. n.* 16.

Un bouclier de la forme de celui qui se voit sur ces monnoyes, étoit l'emblême des Bœotiens et des Thébains en particulier; Pindare (1) par cette raison donne à la ville de Thèbes l'épithète de χρυσασπις, *aux boucliers d'or.*

Il paroit que les boucliers fabriqués dans la Bœotie, étoient très-estimés, même à une époque fort réculée. Homère (2) en décrivant celui d'Ajax, dit qu'il avoit été fait dans la ville de Hylé en Bœotie; aussi sur les médailles de Salamis (3) qui ont pour type les armes de ce héros, on voit un bouclier précisément semblable.

La médaille *n.* 13. que n'a jamais été publiée, est extrêmement précieuse par sa haute antiquité; sa fabrique dénote qu'elle a été frappée peu de tems après l'introduction de l'art de monnoyer dans la Grèce, peut-être 700 ans avant notre ère. La forme du Θ est la plus ancienne donnée à cette lettre, et ne se trouve que dans l'inscription de Sigée (4), et sur quelques médailles d'Athenes (5).

(1) Pindar. Isthmia, Od. I.
(2) Homer. Iliad. H vers. 220.
(3) Sestini Lett. Numi. Tom. V. p. 48.
(4) Chishull Insc. Sigea, Lond. 1721.
(5) Eckhel Doct. Num. Vet. Tom. I, proleg. C.

Il a été publié dans le Catalogue de Hunter (1) une médaille de Thèbes où Hercule est représenté tirant de l'arc. Sur celle *n*. 14. ce héros est figuré à peu près dans la même attitude; mais il est impossible de déterminer ce qu'il tient à la main, et l'action que l'artiste a voulu indiquer. L'inscription sur les deux médailles est la même.

Ce fut dans la ville de Thèbes que Hercule vit le jour, et qu'il donna les premières preuves de sa force en écrasant les deux serpens envoyés par Junon pour le faire périr; c'est à ce double titre que cet exploit a dû être célèbre parmi les habitans de cette ville, et qu'ils ont voulu en consacrer le souvenir en le représentant sur la médaille *n*. 15. publiée ici pour la première fois.

La grappe de raisin du *n*. 16. est un type allusif au culte de Bacchus, dont Thèbes étoit aussi la patrie; n'avoir figuré au revers que la moitié d'un bouclier, est une singularité dont on ne peut rendre d'autre motif que le caprice de l'artiste.

PHERAE *in Boeotia*.

Bouclier Bœotien.
Rev. ΦA. Vase à deux anses. AR. 4. *T. II. n.* 17.

Le vase et le bouclier d'une forme particulière, types ordinaires des monnoyes des Bœotiens, font voir que cette médaille est de la ville de *Pherae* en Bœotie, dont le nom est designé par les lettres initiales ΦA.

Pline (2) décrit la position de cette ville entre Mégare et Thèbes; suivant Strabon (3) elle étoit située dans un des quatre districts qui appartenoient aux Tanagréens.

(1) Hunter Tab. 59. fig. 3. (3) Strabo lib. IX. pag. 279.
(2) Plin. lib. IV. cap. 7.

Jusqu'à présent on ne connoissoit pas de médaille de cette ville.

CORINTHUS in Achaja.

1 Chimère, à gauche; au dessous, un vase et ΔI.
Rev. ϙ Bellérophon monté sur Pégase, à droite. AR. 3. *T. II. n.* 18.

2 ANTONINVS AVG. PIVS. Tête de l'Empereur Antonin le pieux, à droite.
Rev. C. L. I. COR. Un port de forme semicirculaire, à chaque extrémité est un temple, au milieu une statue de Neptune, au devant trois navires, à gauche un arbre. AE. 2. *T. II. n.* 19.

3 IMP. CAES. L. AVREL. VERVS. AVG. Tête de l'Empereur L. Verus laurée, à droite.
Rev. C. L. I. COR. L'Acrocorinthe avec le temple de Vénus, à la pointe du rocher le cheval Pégase, au pied de la montagne deux édifices, à gauche un arbre. AE. 2. *T. II. n.* 20.

4 IMP. CAES. L. AVREL. VERVS. AVG. Tête nue de l'Empereur L. Verus, à droite.
Rev. COL. I. COR. Femme assise tenant un vase sur les genoux, au pied de l'Acrocorinthe; devant elle Pégase s'abreuvant. AE. 2. *T. II. n.* 21.

La suite des monnoyes de Corinthe est extrêmement intéressante par le grand nombre de types qui ont rapport à l'histoire des premiers tems de cette ville, ou qui présentent des vues de temples et autres édifices publics; un récueil de toutes celles qui sont dispersées dans les ouvrages numismatiques, seroit aussi curieux qu'instructif.

La médaille *n.* 18. qui n'a jamais été publiée, offre d'un côté Bellérophon, héros favori des Corinthiens, sur le

(47)

cheval Pégase, et de l'autre la chimère; le nom de la ville est designé par un *Kappa* de forme ancienne, ressemblant au *Koph* Phœnicien. Toutes les monnoyes de Corinthe avec la tête de Pallas d'un côté, et le Pégase au revers, appellées par cette raison Πωλοι (1), n'ont jamais d'autres inscriptions; les types en étoient si connus et indiquoient tellement la ville qui les avoit fait frapper, qu'il étoit inutile d'y rappeller plus amplement le nom. Cet usage étoit commun aux villes du Peloponnèse qui se glorifioient d'une haute antiquité; Argos et Sicyon ne mettoient sur leurs monnoyes que les initiales A et Σ.

Au revers du n. 19 est représenté un port, qui d'après la description de Pausanias doit être celui de *Cenchrée;* sa forme est semicirculaire, et à chaque extrémité est un temple; celui à droite étoit probablement dédié à Aesculape et Isis, celui du côté opposé à Vénus; à l'entrée de ce port est une statue de Neptune placée sur un rocher ou piédestal élevé dans la mer (2); à côté du port est un arbre, sans doute le pin, auprès duquel Sisyphe trouva le corps de Melicerte (3), et où Thesée fit subir à Sinis, le

---

(1) Pollux, lib. IX. cap. VI. 76.

(2) Pausanias, Corinthiaca, cap. I.

(3) Εν δε Κεγχρειαις Αφροδιτης τε εςι ναος και αγαλμα λιθου. Μετα δε αυτο επι τω ρευματι τω δια της θαλασσης, Ποσειδωνος χαλκουν: Κατα δε το ετερον περας του λιμενος, Ασκληπιου και Ισιδος ιερα. (Pausanias, Corinth. cap. 2.) L'Abbé Gédoyn d'après Kuhnius a substitué επι τω ζευγματι au lieu de επι τω ρευματι, et a traduit en conséquence ce passage ainsi: ,, Quand vous êtes ,, arrivé au Cenchrée, vous trouverez ,, un temple de Vénus avec une belle ,, statue de marbre; à l'extrémité de ,, la jettée qui avance dans la mer, on ,, a placé un Neptune en bronze, et à ,, l'autre pointe vis à vis est un tem- ,, ple d'Esculape et d'Isis ,,. La représentation du port de Cenchrée qui se voit ici, prouve que cette correction n'est pas admissible, et que l'ancienne leçon pourroit fort bien subsister en entendant par ρευμα l'entrée du

même sort que celui-ci faisoit éprouver aux malheureux qui tomboient entre ses mains. Quoique cet arbre fut près de Crommyon et à une grande distance de Cenchrée, par une licence que les anciens artistes se sont souvent permise, il est représenté très-près de ce port; sur la médaille suivante ce même arbre se trouve transporté au pied de l'Acrocorinthe; probablement c'est comme indication des jeux Isthmiques, qu'on a eu tant de soin de le faire reparoitre aussi souvent.

La tête de l'Empereur Antonin qui se voit de l'autre côté, fait présumer que ce prince a fait des reparations ou des embellissemens au port de Cenchrée dont on ne trouve pas d'autres témoignages dans l'Histoire.

La médaille n. 20. offre d'un côté la tête de l'Empereur Lucius Verus, et au revers l'*Acrocorinthe* ou citadelle de Corinthe avec le temple de Vénus au sommet; de l'extrémité du rocher le cheval Pégase s'élève dans les airs, et paroit monter vers le ciel pour y prendre une place parmi les constellations (1). Il est fort difficile de déterminer quels sont les deux monumens dans la partie inférieure; on croit que celui à droite est le temple de Neptune, et que du côté opposé est la grotte où Sisyphe déposa le corps de Melicerte; à côté est l'arbre dont il a été fait précédemment mention.

Au n. 21. est encore la tête de ce même Empereur, et au revers l'Acrocorinthe avec le temple de Vénus; au pied de la montagne est une Nymphe assise sur un rocher, te-

---

port, comme en effet la statue de Neptune se voit placée sur un rocher ou massif de maçonnerie élevé au milieu du courant.

Le savant M. Courier propose au lieu de ρευματι, de lire ρηγματι.

(1) Eratosthenis Catasterismi, 18. pag. 115.

nant un vase sur ses genoux; le cheval Pégase qui est devant elle, ne permet pas de douter que ce ne soit la fontaine *Pirène;* en effet ce fut pendant que Pégase s'y abreuvoit, que Bellérophon s'en empara par le secours de Minerve (1).

SICYON in *Achaja.*

1 Σ. Oiseau volant, à droite.
Rev. Partie antérieure de la chimère. AR. 4. *T. III. n.* 1.
2 Tête d'Apollon laurée, à gauche.
Rev. ΣI. Le cheval Pégase, à gauche. AR. 3. *T. III. n.* 2.

On est généralement d'accord aujourdhui que toutes les médailles ayant d'un côté un oiseau volant, et de l'autre, la chimère, avec l'inscription ΣE ou ΣI, attribuées auparavant à Sériphus et Siphnus, ainsi que celles que l'on avoit cru être de Malea, doivent être restituées à Sicyon.

Les habitans de cette ville par suite de leurs liaisons avec les Corinthiens, rendoient de très-grands honneurs à Bellérophon, et comme le Pégase étoit l'emblême de Corinthe, la chimère est devenue celui de Sicyon. On peut même croire que ce héros y a fait un séjour, lorsque après avoir tué Bellérus, il dut quitter Corinthe, et vint se réfugier chez Prœtus, où il reçut l'expiation (2). La plûpart des auteurs disent à la vérité que ce dernier residoit à Tirynthe, mais le temple qu'il dédia à Apollon dans Sicyon (3) en reconnoissance de la guérison de ses filles, prouve qu'il a dû aussi y faire quelque séjour.

Cette ville avoit encore pour emblême un oiseau volant,

---

(1) Ibi Pegasum, cum biberet, captum ajunt esse a Bellerophonte. (Strabo, lib. VIII. pag. 261.)

(2) Apollodor. lib. II. cap. 3.
(3) Pausan. Corinthiaca, cap. VIII.

dont il est difficile de donner une explication. Si c'est un oiseau maritime ou *litoral*, comme quelques auteurs l'ont pensé, on pourroit y trouver une allusion au nom d'*Aegialus* que la ville de Sicyon portoit autrefois (1).

Ce seroit peut-être une conjecture trop recherchée que de voir dans ce type Jupiter métamorphosé en colombe pour jouir de Phthia; cependant, comme cette tradition étoit particulière à l'Achaïe, et que Sicyon y étoit située, elle pourroit avoir quelque léger dégré de probabilité (2).

La médaille *n*. 1. est d'une fabrique très-ancienne, celle *n*. 2. a d'un côté la tête d'Apollon qui avoit à Sicyon un temple fort célèbre, et au revers, le cheval Pégase, type qui confirme ce qui a été dit précédemment sur les rapports des Sicyoniens avec les Corinthiens, et leur vénération pour la mémoire de Bellérophon.

PRONI *in Cephalonia*.

Tête de Cerès, de face.
Rev. Deux têtes couronnées d'épis. AE. 3. *T. III. n.* 3.

Il est à croire que cette monnoye est de *Proni*, une des quatre villes de l'île de Cephalonie; celle que Pellerin (3) a publiée comme étant de cette ville, paroit plutôt devoir

---

(1) Ce type pourroit désigner les auspices favorables sous lesquels la ville avoit été fondée. Les anciens par l'Ornithomancie prétendoient connoitre l'avenir; on en trouve souvent mention dans Homère, Hymn. ad Mercur. v. 541. Iliad. N. v. 821. etc.

(2) Achaei commemorant Jovem ipsum in figuram columbae versum esse, quum amaret virginem, nomine Phthiam; habitabat autem in Aegio haec Phthia. (Aelian. Var. Hist. lib. I. cap. 15.) Peut-être faut-il lire dans ce passage au lieu d'*Aegium*, *Aegialus*, qui étoit l'ancien nom de Sicyon. Si cette leçon pouvoit être admise, elle favoriseroit singulièrement la conjecture proposée.

(3) Peuples et Villes Tom. III. Pl. 95. *n.* 10.

être attribuée a Sicyon. Les lettres ΠΡΟ qui s'y voyent, désignent probablement un nom de magistrat.

METHANA in *Argolide*.

1 Tête de Vulcain.
Rev. ΜΕΘ dans une couronne d'épis. AE. 3. *T. III. n.* 4.

2 Même tête.
Rev. ΜΕ dans une couronne d'épis, au dehors la lettre Θ. AE. 3. *T. III. n.* 5.

M. Pellerin a publié *Tom. III. Pl.* 103. *n.* 3. une médaille semblable à celle du *n.* 4. qu'il a attribuée à la ville de *Methymna* dans l'île de Lesbos. Toutefois il ajoute qu'elle pourroit appartenir à quelqu'autre ville, soit à Methydrium, soit à quelques-unes de celles qui portoient le nom de Méthoné.

Les médailles gravées *n.* 4. et 5. ayant été trouvées par M. Dodwell sur le lieu où étoit située l'ancienne ville de *Methana*, il n'y a pas à douter qu'elles ne doivent y être attribuées, et avec d'autant plus de certitude, que la tête de Vulcain qui se voit d'un côté, est un type qui convient particuliérement à cette ville, à cause du volcan (1) et des bains chauds qui en étoient peu éloignés. On sait que tous

---

(1) Ab eo oppido stadia fere xxx absunt calidarum aquarum balneae. Aquas eas e scatebris primum erupisse ajunt, Antigono Demetrii filio regnante; sed prius e terra exaestuasse ignem, (Pausan. Corinthiac. cap. 34.)

Circa Methanam in sinu Hermionico, terra altitudine septem stadiorum egesta est a flammosa quadam efflatione, locusque is interdiu inaccessus est ob calorem sulphureumque odorem; noctu autem bene fragrat, proculque effulget, et calefacit adeo ut mare ferveat per stadia quinque, turbidum fit usque ad xx, aggerque saxorum praeruptorum in eo existat turrium magnitudini non cedentium. (Strabo, lib. I. pag. 40.)

les lieux d'où sortoit du feu, étoient consacrés à ce dieu, et même en ont pris le nom.

La ville de Methana étoit située entre Trœzène et Epidaure dans la péninsule du même nom. Thucydide (1) la nomme Μεθωνη, mais Pausanias et Strabon (2) l'appellent constamment Μεθανα, d'accord avec les médailles Impériales qu'on en possède, frappées sous le regne de Septime Sévère et de sa famille.

TROEZENE in *Argolide*.

Tête d'Apollon, à gauche.
Rev. ΤΡΟ. Une lyre. AE. 2. *T. III. n.* 6.

Cette médaille est différente de celles qui ont été publiées de la ville de Trœzène; on y voit Apollon qui étoit vénéré sous le nom de *Theorius*, dont le temple rétabli et décoré par Pitthée, étoit suivant Pausanias (3), le plus ancien de tous les temples connus.

CHARISIA in *Arcadia*.

Tête d'Apollon, à droite.
Rev. Loup marchant à droite; au dessus un monogramme. AE. 3. *T. III. n.* 7.

Cette médaille a été donnée comme appartenant à Argos, mais en examinant attentivement le monogramme, il se trouve que les lettres ΧΑΡ dont il est composé, ne conviennent aucunement au nom de cette ville, et qu'elles désignent plutôt celle de *Charisia* dans l'Arcadie; la fabrique aussi se rapporte d'avantage à celle des monnoyes de cette contrée.

---

(1) Thucydid. lib. IV. cap. 45. (3) Pausan. Corinthiac. cap. 31.
(2) Strabo. lib. VIII. pag. 258.

D'un côté est une tête d'Apollon; le loup qui se voit au revers, paroit un symbole de ce dieu vénéré sous le nom de Lycius (1) et Lycogènes (2) dans l'Arcadie et plusieurs autres contrées, ou peut-être ce type doit se rapporter à Lycaon père de Charisius fondateur de cette ville, qui selon la fable, fut metamorphosé en loup.

METHYDRIUM in Arcadia.

Tête de femme couronnée, à gauche.
Rev. ME. dans le champ. AE. 3. *Tab. III. n.* 8.

On croit pouvoir attribuer cette médaille à la ville de *Methydrium* en Arcadie, comme elle ressemble par sa fabrique et par la tête de femme couronnée, aux monnoyes de la ville de Phénéos, celles des Arcadiens n'ayant d'ailleurs pour revers que les lettres initiales de leur nom, sans autre type, de la même façon dont on le voit ici.

Cette ville fondée par Orchomenus, étoit une des plus anciennes et des plus considérables de l'Arcadie; beaucoup d'auteurs anciens en ont parlé; cependant, jusques à présent on n'en connoissoit pas de médailles.

Il seroit possible que la couronne dont la tête de femme est ornée, fut de roseaux, et dans ce cas il y auroit lieu de croire qu'elle représente la Nymphe de la fontaine Nymphasia que Pausanias place à 30 stades de cette ville (3).

TEGEA in Arcadia.

ΑΛΕΟΣ. Tête barbue et diadèmée, à droite.
Rev. ΤΕΓΕΑΤΑΝ. Minerve donnant une tessère à un guer-

---
(1) Pausan. Arcad. cap. 3. cap. 26.
(2) Aelian. de Nat. Anim. lib. X. (3) Pausan. Arcad. cap. 36.

rier; au milieu d'eux, une petite figure présentant un vase à la déesse. AE. 2. *T. III. n.* 9.

Haym qui dans son *Tesoro Britannico* (1) a publié le premier une médaille semblable de la ville de Tégée, a cru voir au revers, Mars Gynaecothène et Minerve. Le savant Eckhel (2) en réfutant cette opinion a pensé que ce type représente Minerve faisant présent à Cephée fils d'Aleus, d'une boucle des cheveux de Méduse, en l'assurant que par là, Tégée deviendroit une ville imprenable.

Cette explication toute ingénieuse qu'elle est, ne paroit point admissible. Comme en examinant avec attention la médaille, on apperçoit que ce n'est pas une boucle de cheveux que Minerve présente au guerrier, mais un objet qui par sa forme paroit être plutôt une de ces tessères (3) sur lesquelles on inscrivoit les noms des juges dans les tribunaux d'Athènes, le vase qu'une petite fille présente à la déesse étant de l'espèce de ceux appellés Καδισκοι (4), dont on s'y servoit aussi pour recueillir les opinions des juges; ces motifs portent à croire qu'il est ici question d'un jugement, ou de quelque décision par la voye du sort.

Les monumens antiques sont souvent susceptibles de plusieurs explications; ils l'étoient même déjà chez les Grecs. Pausanias en rapporte des exemples. On connoit deux basreliefs absolument semblables. Quant aux figures, les inscriptions qui les accompagnent, indiquent cependant deux sujets entièrement différens (5).

(1) Tom. II. pag. 3.
(2) Numi Vet. anecd. pag. 142.
(3) Χαλκουν, Πινακιον. Voyez sur une tessère semblable, une dissertation du savant M. Akerblad, où tout ce qui est relatif à cette question, est éclairci avec autant d'erudition que de critique.
(4) Pollux. lib. VIII. cap. V. seg. 17.
(5) Winkelmann Mon. Ined. n. 85.

On lit dans Pausanias (1) qu'Arcas en mourant laissa trois fils qui partagèrent entr'eux ses états par le sort. La ville de Tegée et ses dépendances échurent à Aphidas. Ce partage étant devenu par la suite très-célèbre, et les Poëtes en ayant pris occasion d'appeller Tégée Κληρον Αφιδαντειον, on pourroit penser que ce fait est rappelé dans la médaille dont il s'agit, et que Minerve y est figurée comme divinité tutélaire de la ville de Tégée.

Mais il nous paroit plutôt qu'on a eu intention de représenter dans ce type, le fameux jugement de l'Aréopage, lorsqu'Oreste étant venu se justifier du meurtre de sa mère, les sentiments des juges étant également partagés, celui de la déesse décida en faveur d'Oreste (2).

En comparant ce type avec le groupe principal d'un bas-relief sculpté sur un vase d'argent publié par Winkelmann (3), leur conformité semble ne laisser aucun doute que le même évenement ne soit représenté sur l'un et l'autre monument; et nous fait préférer cette explication à la précédente. Quant aux légères variations dans la manière de traiter ce sujet, elles ne proviennent que de celles que les artistes se sont permises souvent dans le costume et dans les accessoires; sur l'un, Minerve dépose dans l'urne le suffrage décisif; sur l'autre elle le remet entre les mains d'Oreste. Ce héros qui est représenté armé et avec de la barbe sur la médaille, est nud dans le bas-relief, si ce n'est que sa chlamyde est rejetée sur l'epaule. Sur la médaille une petite fille présente l'urne à Minerve, sur le bas-relief une femme vient de placer cette urne sur une table. La res-

---

(1) Pausanias, Arcad. cap. IV. Tom. I. pag. 13.
(2) Aristid. in Minervam Orat. (3) Monument. Inedit. n. 51.

semblance dans le costume de ces deux figures indique qu'elles ont les mêmes fonctions. Cette femme n'est pas une furie comme l'a pensé Winkelmann, la torche qui lui est donnée, n'est que pour désigner que la scène se passa de nuit. Sur une autre médaille de Tégée, et sur une lampe de terre cuite publiée par d'Hancarville (1), Minerve est figurée plaçant son suffrage dans l'urne, comme sur le bas-relief (2).

Il ne faut pas s'étonner que les habitans de Tégée ayent voulu rappeler un événement qui paroit d'abord leur être étranger. Oreste parvenu à un âge très-avancé se rétira à Tégée, et y termina ses jours; les habitans de cette ville lui rendirent par la suite de très-grands honneurs, et lui sacrifièrent comme à un héros. Hérodote (3) et Pausanias (4) racontent fort au long la manière dont les Lacédaemoniens prétendoient avoir enlevé ses ossemens de Tégée, et les avoir transportés à Sparte.

D'après la réponse que la Pythie fit aux Lacédaemoniens qu'ils triompheroient de leurs ennemis s'ils emporteroient chez eux les ossemens d'Oreste; on doit croire que le corps de ce héros étoit considéré comme une espèce de *Palladium*, auquel le sort de la ville qui le possédoit, étoit attaché. La représentation d'un fait relatif à ce héros sur les monnoyes de Tégée, fait voir en même tems, que les Tégéates n'admettoient point les prétentions des Lacédaemoniens dont parlent ces auteurs, mais qu'ils se considéroient toujours comme les dépositaires de ces précieux restes. C'est ainsi que plusieurs villes prétendoient être en possession du fameux *Palladium* de Troye.

(1) Pellerin, Tom. I. Pl. 21. n. 16.
(2) Vases Etrusques d'Hamilton, Tom. II. pag. 79.
(3) Herodot. lib. I. cap. 68.
(4) Pausan. Arcadic. cap. 53.

La tête qui se voit de l'autre côté de cette médaille, est celle d'*Aléus* fondateur de la ville de Tégée, et qui y bâtit le fameux temple de Minerve surnommée par cette raison *Alea* (1).

PRAESUS in *Creta*.

Tête d'Apollon laurée, à gauche.
Rev. ΠΡΑΙΣΙΩΝ. Hercule tenant de la main droite une massue, et le bras gauche étendu. AR. 2. *T. III. n.* 10.

On a fait graver cette médaille parcequ'elle est entièrement différente de toutes celles connues de cette ville; elle n'éxige au reste aucune explication.

ERETRIA in *Euboea*.

ER. Epi de bled.
Rev. Un demi grain de bled. AR. 4. *T. III. n.* 11.

On croit pouvoir attribuer cette petite médaille à la ville d'*Eretria* dans l'Eubée; ses types qui indiquent un pays fertile, conviennent particuliérement a cette île. La fabrique dénote une haute antiquité, le *Rho* ayant la figure d'un R Latin, comme sur les médailles primitives de Syracuse, Tarente, et Rhégium.

CERINTHUS in *Euboea*.

Tête de Cerès, de face.
Rev. ΚΗ. *en monogramme*. AE. 4. *T. III. n.* 12.

Cette monnoye ressemblant beaucoup par sa fabrique et

---

(1) En voyant que Minerve *Alea* est toujours représentée comme présidant au sort, on seroit tenté de conjecturer que le mot *Alea* chez les Tégéates, fut equivalent à celui de *sors*, dans le sens que lui donnèrent les Romains, ce surnom de la déesse auroit ainsi une double derivation.

par la tête de face, à celle des Eubœens et des Chalcidiens, et la disposition particulière du monogramme qui ne se retrouve que sur les médailles d'Eretria (1), sont les motifs qui engagent à l'attribuer à la ville de *Cérinthus*, une des plus anciennes de l'île d'Eubée, bâtie suivant Strabon (2) par Ellops fils d'Ion, et dont Homère a fait mention dans son catalogue des villes et peuples de la Grèce. Il n'a point été publié jusques à présent de médailles de cette ville.

GYAROS, *Insula*.

Tête de femme, à droite.

Rev. ΓΥΑΡΙΩΝ. La *harpa*. AE. 4. *T. III. n.* 13.

Jusques à présent on n'avoit pas connu de médailles de cette petite île, dévenue si célèbre sous les regnes de Tibere et de Claude, par le grand nombre de personnes de distinction qui y furent réléguées, et dont il est si souvent fait mention dans Juvenal, dans Suétone, et dans Tacite.

Gyaros étoit comptée par quelques Géographes anciens parmi les Cyclades, d'autres ne sont pas de cet avis; Strabon (3) raconte, que faisant un voyage par mer, il rélâcha dans cette île, où il ne trouva qu'un misérable village habité par des pêcheurs; au depart des navires, un d'eux vînt à bord, envoyé par les habitans auprès d'Auguste, afin de solliciter une reduction dans le tribut annuel de 150 drachmes, auquel ils étoient imposés, tandis qu'à peine étoient-ils en état de payer 100. La pauvrété de cette île étoit

---

(1) Pellerin, P. et V. Tom. III. Pl. 103. La légende va de droite à gauche, mais sans que les lettres soyent à rebours, comme dans l'ancienne manière d'écrire.

(2) Strabo, lib. X. pag. 306.

(3) Strabo, lib. X. pag. 334.

même devenue proverbiale; Strabon le prouve par un passage d'Aratus.

Il paroit cependant qu'il y a eu une époque à laquelle ses habitans ont eu un sort plus heureux. Des monnoyes étant toujours l'indice de l'aisance d'un peuple, c'est à ce tems que doit se rapporter la médaille publiée ici pour la première fois. La tête qui se voit d'un côté, paroit être celle de quelque Nymphe; la *harpa*, ou faulx, type du revers, est allusif à Persée (1) dont le culte sera passé dans cette île, de celle de Seriphus, où l'on rendoit de très-grands honneurs à la mémoire de ce héros.

Peut-être néanmoins ce type n'a-t-il rapport qu'au nom de l'île γυαρος par *Metathesis* pour γυαλος, *curvus*; cette conformité se retrouve souvent entre les symboles επισηματα et les noms de villes et d'individus.

ASIE

AMISUS *in Ponto.*

Tête de femme coëffée de la dépouille d'un griffon, à droite. *Rev.* ΑΜΙΣ... Hercule debout appuyé sur sa massue, à gauche. AE. 3. *T. III. n.* 14.

Cette monnoye de la ville d'Amisus diffère de toutes celles qui en ont été publiées jusques à présent; on y voit d'un côté une tête de femme couverte de la dépouille d'un

---

(1) Une médaille de Seriphe (Hunter Tab. 49. *n.* 2.) a d'un côté une tête de Persée, et au revers, la *harpa*.

griffon, coëffure qui indique que c'est celle d'une Amazone. Les combats de ces héroines avec des griffons, forment un des sujets que les artistes anciens ont le plus souvent représenté sur les monumens, et particuliérement sur les vases peints.

Quoique Amisus ne soit pas nommé parmi les villes qui ont été fondées par les Amazones, cependant il y a raison de le croire; comme Themiscyre qui a été pendant long tems la capitale de leur empire en Asie, et le fleuve Thermodon qu'elles ont rendu si célèbre, étoient à peu de distance d'Amisus (1), et dans l'étendue du territoire qui lui appartenoit. Il est certain que les habitans d'Amisus étoient de cette opinion (2); sur une médaille d'Antonin le pieux, qui a pour revers l'alliance d'Amastris et d'Amisus, ces deux villes sont représentées sous la figure de deux Amazones. La tête qui est sur cette médaille, est donc probablement celle de l'Amazone qui avoit fondé la ville.

C'étoit auprès de Themyscire qu'Hercule enleva la ceinture d'Antiope (3); peut-être que le type du revers où ce héros est représenté, est allusif à cet exploit.

ASTACUS *in Bithynia*.

AΣ. Tête de femme, à droite, dans un carré creux, derrière, un symbole inconnu.
Rev. Une écrevisse. AR. 3. *T. III. n.* 15.

L'écrevisse qui se voit au revers de cette médaille, de

---

(1) Strabo lib. XII. pag. 376.

(2) Strabon nous apprend que cette ville a été fondée par les Milésiens, et peuplée pour la troisième fois par les Athéniens. Il y a évidemment une lacune dans le texte de cet auteur; peut-être y étoit-il question de sa fondation par les Amazones.

(3) Justin. lib. II. cap. 4.

l'espèce de celles que les Grecs appelloient Αστακος (1), désigne selon toute apparence la ville d'Astacus dont le nom est encore indiqué par les lettres ΑΣ placées du côté de la tête.

Cette ville située en Bithynie sur le golphe du même nom, étoit selon Strabon (2), une colonie des Mégariens et des Athéniens, détruite par Lysimaque; Nicomède roi de Bithynie transfera ses habitans dans la ville qu'il fonda, et à laquelle il donna son nom. Quelques auteurs prétendent qu'Astacus fut appelé par ce prince Nicomedie. Mais Ptolémée et d'autres distinguent ces deux villes.

Jusques à présent cette médaille est la seule connue de la ville d'Astacus; sa fabrique indique une haute antiquité.

CHALCEDON in Bithynia.

Tête de Cérès voilée, à droite.

Rev. ΚΑΛΧΑ. Apollon assis, tenant dans chaque main une baguette ou fleche; dévant Α. AR. 3. *T. III. n.* 16.

Cette monnoye de la ville de Chalcedoine n'a jamais été publiée. La figure d'Apollon qui se voit au revers, est probablement une copie de la statue principale placée dans le fameux temple de ce dieu, dont Strabon, Lucien, et d'autres auteurs ont fait mention. Apollon est représenté assis et tenant dans chaque main une baguette ou une fleche, qui désignent sans doute la *Rhabdomancie* ou la *Bolomancie*, moyens par lesquels les anciens prétendoient de connoitre l'avenir, et dont on faisoit peut-etre usage dans le temple de ce dieu à Chalcedoine.

---

(1) Le Poëte Archestratus cité par Athénée dit qu'il y avoit une grande abondance de ces écrevisses dans l'Hellespont. (Athenaeus lib. III. pag. 104.)

(2) Strabo lib. XII. pag. 388.

La tête de femme au revers est celle de la déesse Cerès, qui se voit sur d'autres monnoyes de cette ville.

DIA *in Bithynia.*

Tête de Bacchus couronnée de lierre, à droite.
Rev. ΔΙΑΣ. Ciste mystique et thyrse; dans le champ trois monogrammes. AE. 3. *T. III. n.* 17.

Il y avoit anciennement plusieurs villes appellées *Dia.* Etienne de Byzance en compte jusques à neuf qui ont porté ce nom. La médaille publiée ici pour la première fois, ressemble tellement par sa fabrique, par ses types, et par la disposition des monogrammes, aux monnoyes d'Amisus et de Sinope, qu'il est impossible de ne pas l'attribuer à la ville de *Dia* qui étoit située en Bithynie, dont on ne connoissoit pas auparavant de médailles.

Marcien d'Héraclée (1) indique sa position à 60 stades à l'Est du fleuve Hypius près d'Héraclée de Bithynie; on lit dans le texte de cet auteur Διαν πολιν; l'editeur propose d'après Ptolémée d'y substituer Διοσπολιν. Notre médaille et Etienne de Byzance prouvent que cette correction n'est pas admissible, et que c'est au contraire le texte de Ptolémée qui est corrompu, et doit être rétabli d'après celui de Marcien d'Héraclée.

Le nom de la ville est écrit au génitif du singulier, et en dialecte Dorique, suivant l'usage de beaucoup d'autres villes de Bithynie et du Pont. Les types à l'imitation de ceux usités sur les monnoyes de cette contrée, ont rapport au culte de Bacchus, et n'exigent aucune explication.

---

(1) Marcianus Heracl. Periplus, p.70.

EUPOLEMUS.

Trois boucliers Macédoniens.
Rev. ΕΥΠΟΛΕΜΟΥ. Une épi. AE. 3. *T. III. n.* 18.

Une médaille pareille a été publiée pour la première fois par Haym (1) qui y a lu ΕΥΠΟΛΕΜΟΥ. Le savant M. Sestini (2) dans ses lettres numismatiques en a décrit une autre, mais qui probablement étoit peu conservée, comme il y a lu ΝΕΟΠΤΟΛΕΜΟΥ. Celleci qui est d'une parfaite conservation, présente la même inscription que celle lue par Haym.

L'Histoire fait mention d'Eupolemus comme d'un général au service de Cassandre, mais il n'est dit nulle part qu'il se soit rendu indépendant; il y a raison cependant de le croire; le droit de mettre son nom sur les monnoyes ayant été toujours considéré comme une marque de souveraineté.

Dans l'incertitude sur le pays où ce général Macédonien a pu établir son autorité, on place cette médaille dans l'Asie mineure, par la seule raison que plusieurs monnoyes semblables se sont trouvées dans la Mysie et dans la Troade.

ALEXANDRIA TROAS *in Troade.*

1 Tête de Minerve, à droite.
Rev. ΑΛΕΞΑ... Chouette sur une amphore; dans le champ, un serpent. AR. 4. *T. III. n.* 19.

2 APOL ZMINTHE. Apollon debout sur un cippe, dans la main droite une patère, dans l'autre une souris; devant, trépied.

(1) Tesoro Britannico, Tom. II. p. 64.
(2) Lettere Numismatiche, Tom. V. pag. 65.

Rev. COLO. AV. TROAD. Trépied. AE. 4. *T. III. n.* 20.

3. ALEX TRO. Tête de femme tourrelée; derrière, *vexillum* sur lequel on lit CO. AV.

Rev. COL. AV. CO. TROA. Figure debout sur un cippe, avec le *pedum* et une patère; devant elle une femme sacrifiant sur un trépied. AE. 3. *T. III. n.* 21.

La petite médaille *n.* 19. de la ville d'Alexandrie, ayant d'un côté une tête de Pallas, divinité tutélaire de la ville, n'a jamais été publiée. Le type du revers paroit imité des médailles d'Athènes, et indique des rapports entre les deux villes.

Le *n.* 20. est de la même ville, après qu'elle fut devenue colonie Romaine, et qu'elle eut ajouté à son nom d'*Alexandria* celui de *Troas*. La figure d'Apollon qui se voit d'un côté, est sans doute imitée de la statue faite par Scopas pour le temple de Chrysa; la patère que ce dieu tient dans une main, indique qu'il reçoit les sacrifices offerts sur le trépied placé devant lui. Quoiqu'il soit difficile de le bien distinguer, il est à croire que ce qu'il tient dans l'autre main, est une souris, attribut distinctif d'Apollon Sminthien, et allusif à ce surnom; le trépied, type du revers, est son attribut le plus commun.

Sur la médaille *n.* 21. est d'un côté la tête du Génie de la ville, type ordinaire de ses monnoyes. La figure pla-

---

(1) Entre les divers moyens par lesquels les anciens prétendoient connoitre l'avenir, étoit celui par les souris; c'est probablement par cette raison que cet animal est devenu un symbole d'Apollon qui étoit censé présider à toutes les espèces de divinations, suivant Aelien. (de Nat. Animal. lib. XII. cap. 5.) On en nourrissoit dans le temple de ce dieu à Chrysa. Dans un autre endroit (Var. Hist. lib. I. cap. 11.) cet auteur, en parlant de ces animaux, dit, Μαντικωτατων ζωων Μυες.

cée sur un cippe, qui se voit au revers, ayant une patère dans une main, et le *pedum* dans l'autre, paroit être celle de la Nymphe *Ida* mère de la Sibylle Hérophile (1); elle reçoit sur un trépied placé devant elle, les sacrifices qui lui sont offerts par une femme, qui est probablement le Génie de la ville de Troas.

CHIOS, *Insula*.

ΧΙΩΝ. Sphinx, à gauche, le pied posé sur une proue de navire.
Rev. ΗΜΙΑΣΣΑΡΙΟΝ. Vase à deux anses. AE. 4. *T.III. n.*22.

Cette médaille est particulière par la manière dont la désignation de sa valeur y est écrite, tandis que sur celles précédemment publiées on lit ΑΣΣΑΡΙΟΝ ΗΜΙΣΥ.

APHRODISIAS *in Caria*.

Tête de Minerve, à droite; derrière l'épaule une haste.
Rev. ΑΦΡΟΔΙΣΙΕΩΝ. Une cuirasse. AE. 4. *T. III. n.* 23.

Cette médaille de la ville d'Aphrodisias n'a jamais été publiée. La tête de Minerve qui est d'un côté, est remarquable par la haste placée sur l'épaule; la cuirasse, type du revers, est un attribut convenable de cette déesse, à qui l'invention des armes étoit attribuée, ou peut-être est-ce une représentation de quelque donation célèbre faite dans son temple, comme celle d'une cuirasse de lin que l'on voyoit, suivant Aelien (2), dans le temple de Minerve à Lindus.

---

(1) Pausan. Phocica, cap. XII.   (2) De Animal. Nat. lib. IX. cap. 17.

i

NYSA *in Caria.*

ΑΥΤ. ΜΑΖΙΜΕΙΝΟC. Tête laurée de l'Empereur Maximin, à droite.

Rev. ΝΥCΑΕΩΝ. Bacchus sur une corne d'abondance. AE. 3. T. III. n. 24.

Plusieurs villes du nom de Nysa prétendoient avoir été le séjour des Nymphes qui furent chargées de l'éducation de Bacchus; celle située dans la Carie, à laquelle cette médaille appartient, paroit avoir été de ce nombre.

Le type du revers présente une idée extrèmement agréable et ingénieuse. Bacchus enfant y est représenté sur une corne d'abondance remplie de grappes de raisins, qui paroit lui tenir lieu de berceau; aucun en effet ne convenoit d'avantage à ce dieu, et ne désignoit mieux les bienfaits que dès sa naissance il répandit sur la terre. La corne convient d'ailleurs à Bacchus, puisque les anciens s'en servoient comme de vases à boire, avant que ceux-ci furent inventés; dans les représentations Dionysiaques sur les vases peints, on voit souvent des cornes employées à cet usage (1).

NISYROS, *Insula.*

Tête laurée, à droite.

Rev. ΝΙΣΑΡΙ. Dauphin, au dessous une palme. AE. 3. T. III. n. 25.

Le nom de cette île que les auteurs anciens appellent toujours *Nisyros,* se trouve écrit ici *Nisaros,* qui se rapporte au nom actuel qui porte cette île (2).

---

(1) Voyez les témoignages à cet égard recueillis par Spanheim de Us. et Praest. Num. Tom. I. pag. 393.

(2) Sur une médaille de Pellerin (Peuples et Villes, Tom. III. Pl. CV. n. 2.) on doit lire également Nisari;

Il est incertain si la tête qui est d'un côté de cette médaille, est celle d'Apollon ou de quelque Nymphe. Le dauphin qui se voit au revers, est un attribut de Neptune, divinité principale de l'île; peut être aussi que la palme est allusive à la victoire de ce dieu sur le Géant Polybote.

APERRAE in *Lycia*.

ΑΥΤ. Κ. Μ. ΑΝΤ. ΓΟΡΔΙΑΝΟC. CEB. Tête de l'Empereur Gordien laurée, à droite.

Rev. ΑΠΕΡΑΕΙΤωΝ. Autel. AE. 1. *T. III. n.* 26.

Cette médaille est jusques à présent l'unique connue de la ville d'Aperae; on y voit d'un côté la tête de l'Empereur Gordien, qui d'après le grand nombre de médailles frappées en son honneur par les diverses villes de la Lycie, paroit avoir été un grand bienfaiteur de cette contrée.

Il est fort difficile d'expliquer le type du revers; il paroit que c'est un autel qui y est représenté, mais on n'ose pas l'assurer.

Pline appelle cette ville *Apyre*; dans Ptolémée elle est nommée Απερραι. On voit par notre médaille qu'elle a du s'appeller *Aperae* avec un seul R. Etienne de Byzance qui fait mention d'une ville d'Aptera en Lycie, a sans doute entendu parler de cette ville.

CYANE in *Lycia*.

ΑΥΤ. ΚΑΙ. Μ. ΑΝΤ. ΓΟΡΔΙΑΝΟC. Tête de l'Empereur Gordien laurée, à droite.

Rev. ΚΥΑΝΕΙΤωΝ. Cavalier armé et courant, à droite. AE. 1. *T. III. n.* 27.

la troisième lettre Σ ayant été effacée, les trois dernières lettres ΑΡΙ ont été prises pour les initiales d'un nom de magistrat.

Il a été question dans l'article précédent du grand nombre de monnoyes frappées dans la Lycie en honneur de l'Empereur Gordien le pieux. Le cavalier armé qui se voit au revers étant également un type commun à plusieurs villes de la même contrée, il n'y pas lieu à douter que cette médaille ne soit de la ville de Cyane en Lycie, dont on n'en connoissoit point auparavant.

Il est probable qu'il faut aussi rapporter à Cyane les médailles d'argent ayant d'un côté une tête d'Apollon, et au revers une lyre avec l'inscription KY que l'on a attribuées jusqu'ici à *Cydna* (1). Ptolémée (2) étant le seul auteur ancien qui ait parlé d'une ville de ce nom, divers savans modernes ont pensé que cette leçon étoit corrompue, et qu'il falloit y lire *Cyane*, dont Pline (3), Pausanias (4), et les notices Ecclésiastiques ont fait mention. Notre médaille vient encore à l'appui de ce sentiment.

ASPENDUS *in Pamphylia.*

Tête nue de l'Empereur Auguste.
Rev. ΑΣΠΕΝΔΙΩΝ. Deux statues de la Diane de Pergae sur une base carrée. AE. 3. *T. IV. n.* 1.

On ne connoit pas de médailles autonomes qui puissent être attribuées avec certitude à la ville d'Aspendus, ni d'Impériales antérieures au règne d'Elagabale. Celle publiée ici, peut être classée parmi les premières, la tête d'Auguste qui se voit d'un côté, étant sans inscription, comme celle d'une divinité.

Le type du revers est fort singulier, et il est très-dif-

---

(1) Hunter, Tab. XXII. n. 21.
(2) Ptolem. lib. V. cap. 3.
(3) Plin. lib. V. cap. 27.
(4) Pausan. Achaica, cap. 21.

ficile de rendre compte des motifs qui ont pu engager les Aspendiens à représenter ainsi deux figures de la Diane de Pergae; peut-être a-t-on multiplié les représentations de cette divinité dans son temple à Aspendus, par le même motif qui engagea les Troyens à faire plusieurs copies du fameux *Palladium*, et de les placer à côté de l'original.

CREMNA in *Pisidia*.

P. SEP. GETA FOR. CAE. Tête nue de Géta, à droite.
Rev. PROP. COL. CR. L'Amour tendant un arc, à droite. AE. 2. *T. IV. n.* 2.

La légende de cette médaille est très-singulière par le titre de *Fortissimus* Caesar, qui y est donné à Géta (1). Ce titre assez commun dans les inscriptions, est fort rare sur les médailles, et ne se trouve que sur une de l'Empereur Décentius. Pellerin (2) qui a publié une médaille semblable, probablement d'une médiocre conservation, a lu PON *pontifex*, au lieu de FOR.

Le même savant a expliqué les lettres PROP au revers par *Provinciae Pisidiae*; cependant, comme il n'y a pas de point entre la troisième et la dernière lettre, il faut plutôt y lire *Propugnatrix*, épithète donnée à la colonie de Cremna, comme celle de *Victrix* à Osca, et *Pulchra* à Neapolis de Samarie, etc. etc.

ANEMURIUM in *Cilicia*.

Tête de Minerve, à droite.

---

(1) Le titre de *Fortissimi Caesares* se trouve pour la première fois dans l'inscription de l'Arc de Septime Sevère à Rome.

(2) Mélange de Médailles, Tom. I. pag. 244.

Rev. ΑΝΕΜΟΥΡΙ. Neptune debout tenant de la main droite un trident, et de la gauche un dauphin. AE. 3. *T. IV. n.* 3.

On ne connoissoit jusqu'ici qu'une seule médaille autonome de la ville d'Anemurium; celle publiée ici en est entièrement différente, ayant d'un côté une tête de Pallas, divinité qui se trouve représentée très-souvent sur les médailles de la Cilicie, où elle paroit avoir été particulièrement vénérée; et au revers, Neptune avec ses attributs principaux, type convenable d'une ville maritime.

HIEROPOLIS in *Cilicia*.

ΑΥΤΟΚ. ΑΝΤΩΝΕΙΝΟΣ. Tête laurée de l'Empereur Marc Aurèle, à droite.

Rev. ΙΕΡΟΠΟΛΕΙΤΩΝ. Jeune homme nud sortant de l'eau à mi-corps. AE. 2. *T. IV. n.* 4.

Un grand nombre de villes ayant porté autrefois le nom d'Hiéropolis, il en résulte qu'il est souvent fort difficile d'assigner à chacune en particulier les médailles qui lui appartiennent, et l'on éprouve le même embarras qu'à l'égard des villes qui se sont appellées Héraclée et Apollonie.

On connoit diverses médailles de Hiéropolis, où sa situation est désignée sur le fleuve Pyramus (1). Comme aucun Géographe ancien n'avoit parlé d'une ville de ce nom en Cilicie, Eckhel (2) a pensé que Hiéropolis étoit un nom qui n'a été pris que dans une occasion particulière, et pendant quelque tems seulement par la ville de Mégarsus, et il y a attribué en conséquence les médailles en question.

Celle publiée ici pour la première fois, prouve que ce

---

(1) Haym, Tes. Brit. Tom. II. p. 111. (2) Doctr. Num. Vet. Tom. III. p. 57.
Pellerin Tom. II. Pl. 72. n. 11.

savant s'est trompé dans sa conjecture, et que Hiéropolis et Mégarsus étoient deux villes séparées et distinctes. La fabrique des médailles autonomes indique qu'elles ont été frappées au moins 100 ans avant notre ère. Il est probable même qu'elles sont beaucoup plus anciennes. Or, notre médaille ayant été frappée en honneur de l'Empereur Marc Aurèle, qui ne commença à régner que l'an 161 de l'ère Chrétienne, il s'ensuit, que la ville de Hiéropolis s'est appellée du même nom pendant un espace de près de 300 ans.

La situation de cette ville n'est pas désignée ici comme sur les autonomes. Probablement le mode de représenter les fleuves étant particulier à la Cilicie, et étant tellement connu, toute autre indication étoit censée inutile.

NAGIDUS in Cilicia.

Femme assise, à gauche, la tête tourrelée, tenant de la main droite une patère; devant, une figure ailée lui pose une couronne sur la tête; sous le siége, une souris, ou un lièvre.

Rev. ΝΑΓΙΔΙΚΟΝ. Figure barbue debout, tenant dans la main droite une grappe de raisin, et dans la gauche, un bâton noueux; dans le champ HP, KΛ. Aigle et trident en contremarque. AR. 1. *T. IV. n.* 5.

Cette médaille de la ville de Nagidus, outre le mérite d'une grande rareté, est encore remarquable par l'aigle et le trident en contremarque, symboles de quelque ville maritime.

Eckhel (1) qui a publié le premier une médaille de cette ville, a d'abord pensé que la figure qui se voit du côté

---

(1) Num. Vet. anecd. Tab. XIV. n. 1.

de la légende, est celle de Bacchus; il a adopté ensuite un avis différent, et a cru y reconnoître Jupiter. Il est très-difficile de décider laquelle de ces deux opinions doit être préférée. Ce savant a cru que l'autre type représentoit Vénus couronnée par l'Amour; mais il nous paroit que c'est plutôt la ville de Nagidus personnifiée, et que la petite figure qui lui pose une couronne sur la tête, est une Victoire ou un Génie (1).

Il est très-difficile de donner une explication du lièvre (2) ou de la souris, que l'on voit sous le siége; peut-être que ce symbole avoit rapport à quelque tradition particulière, dont l'Histoire n'a pas fait mention.

SOLI in Cilicia.

ΣΟΛΙΚΟΝ. Tête virile barbue avec une mitre Phrygienne, à droite.
Rev. Tête d'Hercule, à droite. AR. 1. *T. IV. n.* 6.

Haym dans son *Tesoro Britannico* (3), a fait connoitre une médaille semblable, mais la légende n'y étant point entière, il n'y a lu que ΛΙΚΟ, et l'a cru frappée en honneur d'un certain Lichas, Spartiate, qui découvrit à Tégée les ossemens d'Oreste, et les transporta à Sparte.

Sur cette médaille d'une parfaite conservation, on lit ΣΟΛΙΚΟΝ, nom possessif de la ville de Soli en Cilicie, fondée suivant Strabon (4), par les Achéens et les Rhodiens,

---

(1) Le πυλεων placé sur la tête de cette figure pourroit faire croire qu'elle représente Junon, qui devoit être vénérée à Nagidus, comme cette ville étoit une colonie de Samos.

(2) La ville de Bœa en Laconie avoit été fondée dans l'endroit où s'arrêtoit un lièvre. (Pausan. Laconic. cap. 22.)

(3) Tom. I. pag. 126.

(4) Strabo, lib. XIV. pag. 462.

ou selon d'autres auteurs, par Solon et les Athéniens (1).

D'un côté de cette médaille est une tête d'Hercule; il est fort difficile de déterminer quel est le personnage avec une espèce de mitre Phrygienne, représenté de l'autre; peut-être est ce Sardanapale, qui fonda Tarse et plusieurs autres villes de la Cilicie; la coëffure qui est celle des rois barbares, conviendroit en effet à ce prince.

ELAEUSA, *Insula*.

Tête de femme tourrelée, à droite.
Rev. ΕΛΑΙΟΥΣΙΩΝ. Mercure debout, tenant dans la main droite une patère, et dans la gauche un caducée; dans le champ, ΣΟ. Ο. Α. AE. 3. *T. IV. n. 7.*

Les types de cette médaille sont imités de ceux des médailles de Corycus, ville située dans la Cilicie, vis à vis et à peu de distance de l'île d'Elaeusa; Mercure en étoit la principale divinité, et y avoit un temple fort célèbre.

SEBASTE, *Insula*.

ΣΕΒΑΣΤΗΝΩΝ. Victoire marchant à gauche, tenant une palme dans la main droite, et une couronne dans la gauche.
Rev. Massue avec une bandelette au milieu d'une couronne de laurier. AE. 3. *T. IV. n.* 8.

Plusieurs villes ayant pris le nom de Sebasté, il seroit difficile de déterminer à laquelle cette médaille devroit être attribuée, si le type d'une massue au milieu d'une couronne, qui se voit aussi sur les médailles de Tarse et de Seleucie sur le Calycadnus, n'indiquoit pas qu'elle appartient à la ville de Sebasté de Cilicie.

---

(1) Diogenes Laertius, lib. I. cap. 2.

Cette ville située dans une île très-peu éloignée des côtes de la Cilicie, s'appella auparavant Elaeusa; Archélaus changea ce nom en celui de Sebasté, par reconnoissance envers Auguste, qui lui en avoit donné la souveraineté.

TRIMENOTHYRA in Phrygia.

ΕΠΙ. Λ. ΤΥΛ. Tête de Jupiter, à droite.
Rev. ΤΡΙΜΕΝΟΘΥΡΕΩΝ. Minerve debout, à droite. AE. 3. *T. IV. n.* 9.

Cette médaille d'une belle conservation est particulièrement intéressante, en ce qu'elle justifie la manière dont Seguin et Vaillant avoient lu une médaille semblable, et prouve que le P. Hardouin et Morel se sont trompés, lorsqu'ils ont prétendu qu'il falloit y lire ΤΗΜΕΝΟΘΥΡΕΩΝ, et qu'elle appartenoit à la ville de Témenothyra en Lydie. Le savant M. Combe dans son Catalogue des médailles de Hunter (1), s'est également trompé en attribuant une médaille pareille à la ville de Thyria en Acarnanie.

Parmi les auteurs anciens, il n'y a que Ptolémée qui ait fait mention de la ville de *Trimenothyra*, et la met dans la partie occidentale de la Phrygie; il paroit que son nom a été ensuite changé en celui de Trajanopolis (2) sous lequel il y en a plusieurs médailles.

TRALLES in Lydia.

Serpent sortant d'une ciste entr'ouverte.
Rev. ΤΡΑΛ. ΔΗΜΗΤΡΙΟΥ ΣΤΕΦΑΝΗΦΟΡΟΥ. Deux serpens entrelacés autour d'un arc et d'un carquois? dans le champ un bison, audessus C. P... IMP. PROCOS. AR. 1. *T. IV. n.* 10.

(1) Hunter Tab. 60. n. 6.   (2) Ptolem. lib. V. cap. 2.

Ce Cistophore de la ville de Tralles qui n'a point été publié, est remarquable par le titre de *Stéphanéphore* donné à Démétrius. Il est probable que ce titre n'indique pas une magistrature, comme quelques antiquaires l'ont pensé, et qu'il n'est rappellé ici que comme désignant une dignité accessoire possédée par le magistrat éponyme, qui étoit sans doute le Préteur, Στρατηγος, suivant l'usage de la plûpart des villes de la Lydie.

La médaille ayant été percée, le nom du Proconsul Romain ne s'y lit point, mais les lettres initiales C. P. qui s'apperçoivent, font présumer qu'il s'appelloit *C. Pulcher* dont le nom se trouve sur d'autres Cistophores de Tralles.

HIERAPOLIS in *Phrygia*.

ΖΕΥC ΒΩΘΟC. Tête de Jupiter, à droite.
Rev. ΙΕΡΑΠΟΛΕΙΤΩΝ. Amazone à cheval avec une *bipennis*, à droite. AE. 3, *T. IV. n.* 11.

Il a été publié dans Arigoni une médaille semblable, où on a lu ΚΩΣΙΘΣ; sur celleci, d'une parfaite conservation, on lit distinctement ΒΩΘΟΣ. Il est incertain si c'est un mot barbare, comme celui de ΛΑΙΡΒΗΝΟΣ qui se trouve sur une autre médaille de cette ville, ou une corruption de βοηθος, *auxiliator*, et une epithète donnée à Jupiter.

L'Amazone, type du revers, se retrouve sur beaucoup de médailles des villes de la Phrygie et de la Lydie, qui rapportoient leur origine à ces héroïnes.

PELTAE in *Phrygia*.

ΔΗΜΟC ΠΕΛΤΗΝΩΝ. Tête coëffée de la dépouille d'un lion, à droite.

Rev. ΜΑΚΕΔΟΝΩΝ. Figure à cheval, à droite. AE. 2. *T. IV. n.* 12.

La tête qui se voit d'un côté de cette médaille, est celle d'Alexandre, sous les traits d'Hercule; et la figure à cheval, type du revers, paroit représenter également ce prince.

D'après ces types et le nom de *Macédoniens* que prenoient les habitans de Peltae, il est à présumer qu'une colonie y fut envoyée par Alexandre, et qu'il est représenté ici comme en étant le fondateur.

SEBASTE *in Phrygia.*

ΙΕΡΑ ϹΥΝΚΛΗΤΟϹ. Tête diadèmée, à droite.
Rev. ϹΕΒΑϹΤΗΝΩΝ. Figure armée sur un cheval cornu. AE. 2. *T. IV. n.* 13.

Cette médaille paroit devoir être attribuée à la ville de *Sebaste* en Phrygie plutôt qu'à celle qui étoit située dans la Galatie, puisque les habitans de cette dernière, outre le nom de *Sebasteni*, prenoient toujours sur leurs monnoyes celui de *Tectosages*, sans doute pour les distinguer des autres peuples du même nom.

Le cheval avec des cornes semblables à celles d'une antelope, est un type entièrement neuf, dont il est difficile de donner une explication.

DEMETRIAS *in Syria.*

Tête de femme tourrelée, à droite.
Rev. ΔΗ. Victoire marchant à gauche; dans une main une couronne, et dans l'autre une palme. L ϛ (an 6,) le tout dans une couronne de laurier. AE. 3. *T. IV. n.* 14.

La fabrique et les types de cette médaille ne permettent pas de l'attribuer à toute autre ville qu'à celle de Démétrias dans la Syrie, dont le nom est désigné par les initiales ΔH.

Il est incertain de quelle ère provient la date de l'an 6, marquée sur cette médaille, mais autant qu'on peut le juger par la fabrique, elle doit être voisine de celle de Pompée ou de Jules César.

LARISSA in Syria.

Tête de Jupiter, à droite.
Rev. ΛΑΡΙΣΑΙΩΝ ΤΗΣ ΙΕΡΑΣ. Un siège, au dessous. M et ΚΣ. (an 220.) AE. 3. *T. IV. n.* 15.

L'époque qui se voit sur cette médaille, prouve qu'elle appartient à *Larissa* de Syrie, puisqu'il n'y avoit que les villes de cette partie de l'Asie qui eussent été dans l'usage de marquer sur les monnoyes l'année où elles ont été frappées.

On ignore de quelle ère provient la date ΚΣ 220, mais d'après la fabrique, il est à croire qu'elle peut se rapporter à celle des Seleucides.

AFRIQUE

LIBYA.

Tête d'Hercule, à gauche.
Rev. ΛΙΒΥΩΝ. Lion marchant, à droite; au dessus, une lettre Punique. AR. 2. *T. IV. n.* 16.

Le peuple qui prend sur cette médaille jusqu'à present inédite, le nom de *Libyens*, étoit probablement celui que

Scylax (1) place autour du lac Tritonis, et le même dont parle Pline (2) sous le nom de *Libyphoeniciens*. Suivant cet auteur, ils habitoient la Byzacène, province située entre la Syrtique et la Zeugitane, qui contenoit beaucoup de villes considérables, et particuliérement Hadrumète et Leptis (3). On ne doit pas être surpris que dans cette contrée, il ait été fait usage de la langue Grecque, puisqu'il y avoit sur les côtes septentrionales de l'Afrique un très grand nombre de colonies fondées par les Grecs. Herodote (4) fait mention de celle envoyée par les Lacédaemoniens chez les *Machlyes*, peuple qui confinoit à la Syrtique et au lac Tritonis, et probablement faisant partie des Libyens dont il est ici question.

Il est à croire que la lettre Punique *Mem*, placée au dessus du lion, est l'initiale du nom de la ville où la médaille a été frappée; elle peut désigner *Macomada* (5), ville de la Byzacène, située entre Thœna et l'embouchure de fleuve Triton, ou les *Machlyes* d'Herodote dont il vient d'être parlé.

D'un côté de cette médaille, est la tête d'Hercule, héros qui devoit être particuliérement vénéré dans une contrée qui avoit été le théatre de plusieurs de ses exploits; et au revers, le lion, symbole connu de l'Afrique.

OPHILON *Rex Cyrenaicae*.

ΒΑΡΚΑΙΩΝ. Tête de Jupiter Ammon, à gauche; derrière, un epi de bled.

---

(1) Scylax Periplus, pag. 49.
(2) Plin. lib. V. cap. 4.
(3) On possède des médailles Grecques de Leptis.
(4) Herodot. lib. IV. cap. 178.
(5) Itinerar. Antonini Aug. p. 49.

Rev. ΩΦΙΛΩΝ. ΚΥΨΕΛΩ. Le Silphium; sur une des branches est posée une chouette. AR. 1. *T. IV. n.* 17.

Il est à présumer que ce beau médaillon jusques à présent unique et inédit, à été frappé par les habitants de Barcé en honneur d'un roi ou dynaste de la Cyrenaïque (1) dont il est parlé dans Diodore de Sicile (2) sous le nom d'*Ophellas*, et dans Polyen sous celui d'*Ophélas* (3). La véritable orthographe de ce nom (4), au moins celle suivie dans la Cyrénaïque, étoit sans doute *Ophilon* qui se lit sur ce monument numismatique, quoique l'autre forme du même nom adoptée par les auteurs, ait été plus en usage.

Ophélas (5) (pour nous servir de l'orthographe la plus suivie) étoit un des anciens officiers d'Alexandre, qui après la mort de ce prince, s'attacha au service de Ptolémée, et le suivit en Egypte. Lorsque les Cyrénéens opprimés par Thimbron, s'addressèrent à Ptolémée pour en obtenir des secours, il leur envoya une armée dont il donna le commandement à *Ophélas*. Celuici ayant vaincu et fait prisonniers Thimbron, soumit la Libye et la Cyrenaïque à la domination de Ptolémée qui lui en donna le gouvernement. Quelque tems après, Ptolémée étant occupé dans la guerre contre Antigone et Démétrius, *Ophélas* oubliant ce bienfait, se rendit indépendant, et resta tranquille possesseur de ces deux provinces.

Agathocle ayant le projet d'une invasion en Afrique,

---

(1) Justin, Plutarque, et Polyen donnent à *Ophélas* le titre de roi, mais Diodore de Sicile ne lui donne que celui de dynaste, comme à cette époque aucun des successeurs d'Alexandre n'avoit encore pris le titre de roi.

(2) Diodor. Sicul. lib. XVIII. c. 21.

(3) Polyaen. lib. V. cap. 5.

(4) Ce nom est écrit *Aphellas* dans Justin, et *Apheltas* dans Plutarque.

(5) Diodor. Sicul. lib. XX. cap. 40, et Justin. lib. XXII. cap. 7. et 8.

recherchala l'alliance d'*Ophélas*, et fit avec lui un traité, par lequel il lui promettoit de l'aider à se rendre maître du reste de l'Afrique; séduit par cet espoir, *Ophélas* leva une armée très-nombreuse, et joignit ses forces à celles d'Agathocle; bientôt après, ce tyran par une perfidie dont son histoire n'offre que trop d'exemples, fit périr *Ophélas*, afin que maître de ses troupes, il pût s'emparer de ses états (1).

D'après cet exposé de la puissance de ce prince, et la durée de son règne qui paroit avoir été de sept ans (2), il est naturel de conclure, que suivant l'exemple de Ptolémée et des autres généraux d'Alexandre, il aura fait frapper des monnoyes en son nom.

La tête de Jupiter Ammon et le Silphium, types de ce médaillon, sont les emblêmes connus de la Cyrénaïque. La chouette placée sur une branche du Silphium, paroit être le symbole particulier adopté par *Ophélas*, allusif à son alliance et à ses rapports avec les Athéniens, suite de son mariage avec Eurydice (3) descendante de Miltiade, Athénienne d'une rare beauté (4).

Aussi bien que le nom d'*Ophélas*, on a indiqué celui de son père *Cypsélus* (5) dont l'Histoire n'a point fait

(1) Agathocle ne recueillit pas le fruit de ce crime; les nouvelles qu'il reçut de la Sicile, l'obligèrent bientôt après d'y retourner, et pendant son absence, les villes de l'Afrique qu'il avoit soumises, s'affranchirent de son joug.

(2) Diodore de Sicile place le commencement de la guerre entre Ptolémée et Antigone, dans la seconde année de la 116 Olympiade, et l'invasion de l'Afrique par Agathocle dans la première année de la 118 Olympiade, 308 ans avant notre ère.

(3) Diodor. Sicul. lib. XX. cap. 40, et Plutarch. in Demetrio.

(4) Après la mort d'*Ophélas*, Eurydice retourna dans sa patrie, où elle épousa Démétrius fils d'Antigone.

(5) Sur les médailles d'*Alexandre I* roi d'Epire, on a rappellé éga-

mention. La terminaison de ce nom en Ω au lieu de ΟΥ, est suivant le dialecte Dorique, en usage dans la Cyrenaïque.

PTOLEMAEUS Soter.

Tête diadèmée, à droite.
Rev. ΠΤΟΛΕΜΑΙΟΥ. Victoire debout, tenant dans la main droite une palme, et dans la gauche une patère. AV. 4. *T. IV. n.* 18.

Cette médaille de Ptolémée Soter différente de celles publiées, a été probablement frappée dans les premières années du règne de ce prince. La Victoire qui se voit au revers, paroit une imitation du type des monnoyes d'Alexandre.

PTOLEMAEUS V *Epiphanes.*

Tête jeune diadèmée, à droite.
Rev. ΒΑΣΙΛΕΩΣ ΠΤΟΛΕΜΑΙΟΥ. Aigle posé sur un foudre, à gauche; dans le champ un monogramme et un trident. AR. 1. *T. IV. n.* 19.

Ce rare et beau médaillon diffère par les accessoires, des autres médailles de ce prince qui ont été publiées. Vaillant et d'autres antiquaires les avoient attribuées à Ptolémée XI, mais M. Visconti, dans son intéressante Iconographie Grecque (1), a très-bien prouvé qu'elles devoient être restituées à Ptolémée V surnommé *Epiphane.*

Aux raisons alléguées par ce savant, notre médaille en offre une qui donne un nouveau dégré de force à son opinion; le monogramme et le trident placés dans le champ, prouvent qu'elle a été frappée à *Berytus.* Or, cette ville

---

lement le nom de son père *Neoptolémus*; de pareils exemples, cependant, sont assez rares.

(1) Tom. III. pag. 228.

ainsi que toute la Cœlesyrie et la Palestine, ayant été enlevées à l'Egypte pendant le règne de Ptolémée V par Antiochus Epiphane, et n'étant jamais rentrées sous la domination des rois d'Égypte; il résulte, que la médaille dont il est question, ne peut pas être d'un Ptolémée postérieur à *Epiphane;* elle ne peut pas être non plus d'un prince antérieur, l'extrême jeunesse qu'annonce le portrait ne pouvant convenir à aucun des quatre premiers rois d'Egypte.

LEPTIS *in Syrtica*.

Quatre lettres Puniques. Un trépied.
Rev. Un casque. AE. 4. *T. IV. n.* 20.

On connoit diverses médailles avec une légende semblable, qui ont été attribuées à Leptis dans la Syrte; mais il n'en a point été publié avec les types qui se voyent ici.

REX *incertus*.

Deux lettres Puniques. Tête barbue surmontée d'une espèce de *modius*.
Rev. Deux lettres Puniques. Lion marchant, à droite. AE. 4. *T. IV. n.* 21.

Cette petite médaille n'a jamais été publiée. La tête qui se voit d'un côté, paroit être celle d'un roi de Numidie ou de Mauritanie, dont le nom est sans doute désigné par les lettres Puniques qui l'accompagnent.

F I N.

TABLE
DE MATIÈRES

ACERRAE, les médailles attribuées à cette ville appartiennent à Atella pag. 25.
ACROCORINTHE, ou citadelle de Corinthe p. 48.
AEGÉON, ou Briarée, vénéré à Cuma p. 5.
AENIANES en Grèce p. 35.
AETOLIE, figure qui la représente p. 40.
AETOLIENS, leurs victoires sur les Gaulois p. 39. offrandes dans le temple de Delphes *ibid*.
AJAX, son bouclier étoit fait en Bœotie p. 44.
ALEA, surnom de Minerve p. 57.
ALEXANDRE LE GRAND, sur une médaille de Peltae p. 76.
ALEXANDRE II, roi d'Epire, fils de Pyrrhus p. 37.
ALEXANDRIA Troas p. 63.
ALLIBA en Campanie p. 16.
AMAZONE, sur une médaille d'Amisus p. 60. d'Hierapolis p. 75.
AMISUS dans le Pont p. 59. fondée par les Amazones p. 60.
ANAXILAS, tyran de Rhégium p. 22.
ANEMURIUM en Cilicie p. 69.
APERRAE en Lycie p. 67.
APHIDAS, fils d'Arcas, la ville de Tégée lui écheoit par le sort p. 55.

APHRODISIAS en Carie p. 65.
APOLLON, manière dont ce dieu étoit représenté à Delphes p. 41.
APOLLON Sminthien p. 64.
AQUILONIA, les médailles attribuées à Acheruntia restituées à cette ville par M. Carelli p. 26.
ARÉOPAGE, Oreste y est absous p. 55.
ARPI en Apulie p. 16.
ASPENDUS en Pamphylie p. 68.
ASTACUS en Bithynie p. 61.
ASTACUS, espèce d'écrevisse, emblème de la ville d'Astacus p. 60.
ATELLA en Campanie, les médailles attribuées auparavant à Acerrae, appartiennent à cette ville p. 25.

BELLÉROPHON, héros des Corinthiens p. 46. vénéré à Sicyon p. 49.
BOEUF, allusif au nom de l'Italie p. 31. sur les médailles de Magnesie est un emblème du Mæandre p. 10. *note* 1.
BOEUF à face humaine, ses diverses significations p. 8. symbole de fertilité p. 11. n'est pas Bacchus p. 13. symbole de l'agriculture p. 33.
BOLOMANCIE p. 61.
BOUCLIERS Bœotiens p. 44. Gaulois p. 40.
ΒΩΘΗΟΣ, surnom de Jupiter p. 75.

CALATIA, deux villes de ce nom en Campanie p. 1. manière de distinguer les médailles de l'une et de l'autre p. 2.

CAPOUE, médailles Grecques de cette ville p. 11. note 4.

CENCHRÉE, représentation de son port p. 47.

CÉRINTHUS dans l'Eubée p. 57.

CHALCEDOINE en Bithynie p. 61.

CHARISIA en Arcadie p. 53.

CHERSONÉSUS Taurique p. 53.

CHEVAL cornu p. 76.

CHIMÈRE, emblème de Sicyon p. 49.

CHIOS (Ile de) p. 65.

CISTOPHORE de Tralles p. 74.

CORFINIUM, capitale des Peligni, appellée *Italia* pendant la guerre sociale p. 28.

CORINTHE dans l'Achaïe p. 46.

CORNE d'abondance, attribut de Bacchus p. 66.

CRASTUS en Iapygie p. 19.

CREMNA en Pisidie, eût le nom de *colonia Propugnatrix* p. 69.

CUIRASSE, offerte dans le temple de Minerve à Lindus p. 65.

CUMA en Campanie p. 3.

CYANE en Lycie, médailles attribuées à Cydna appartiennent à cette ville p. 68.

CYPSÉLUS, père d'Ophilon p. 80.

D, forme de cette lettre dans l'alphabet Osque p. 26. changée en T p. 27. ajoutée à la fin de plusieurs mots p. 3. 26.

DELPHES en Phocide p. 41.

DÉMÉTRIAS en Syrie p. 76.

DIA en Bithynie p. 62.

DIANE de Pergae, deux statues de cette divinité sur une médaille d'Aspendus p. 69.

ELAEUSA, île voisine de la Cilicie p. 73.

EPIDIUS Nuncionus, héros représenté sur les médailles de Nuceria p. 15.

ÈRE de la ville de Démétrias p. 76. de la ville de Larisse p. 77.

ERETRIA dans l'Eubée p. 57.

EUBÉE en Sicile p. 31. alliance avec Gélas p. 32.

EUPOLÉMUS, général Macedonien p. 63.

EURYDICE, descendante de Miltiade, femme d'Ophilon p. 80.

FLEUVES, diverses manières de les représenter p. 10. 71.

FONTAINES, manière de les représenter p. 24. la fontaine Pirène p. 50. Nymphasia p. 53.

FORTISSIMUS CAESAR, titre donné à Géta p. 69.

GRAVISCA, médailles attribuées à cette ville doivent être restituées à Crastus p. 19.

GRIFFON (dépouille d'un) coëffure d'une Amazone p. 60.

GYAROS (Ile de) p. 58. pauvreté de ses habitans p. 59.

HARPA ou faulx, symbole de la ville d'Arpi p. 17. de Gyaros p. 59.

HASTE, plantée en terre représente Mars p. 31.

HERCULE tue le lion de Némée p.18. étrangle les deux serpens p. 19. 45. tirant de l'arc p. 45. tenant la massue p. 57. 60.
HIÉRAPOLIS en Phrygie p. 75.
HIÉROPOLIS en Cilicie, confondue à tort avec Megarsus p. 70.
HYRIA en Campanie p. 13.

IDA, Nymphe, mère de la Sibylle Hérophile p. 65.
ITALIA, nom donné à Corfinium p. 29.
ITALIE, manière de la représenter p. 30. 32.
JUPITER, métamorphosé en colombe p. 50.

L, le changement de cette lettre en I fréquent en Italie p. 3. changée en R p. 27. prise à tort pour un V ibid.
LARISSE en Syrie p. 77.
LEONTINS, leurs rapports avec les Rhégiens p. 23.
LEPTIS dans la Syrte p. 82.
LIBYENS en Afrique p. 77. habitoient autour du lac Tritonis p. 78.
LICHAS, Spartiate, erreur d'Haym en lui attribuant une médaille p. 72.
LIÈVRE ou Souris sur une médaille de Nagidus p. 72.
LOUP, symbole d'Apollon Lycius p.55.

MAGELYES, peuple de la Libye p. 78.
MACOMADA, ville de la Libye p. 78.
MARS, représenté par une haste plantée en terre p. 31.

MEDDIX, magistrat dans la langue Osque p. 26.
MESSANA en Sicile, voyez Zanclé.
METHANA dans l'Argolide p. 51.
METHYDRIUM en Arcadie p. 53.
METROPOLIS en Acarnanie p. 38.
MINERVE Alea, son temple à Tégée p. 57.

NAGIDUS en Cilicie p. 71.
NISYROS (Ile de) p. 66.
NOLA en Campanie p. 6.
NUCERIA en Campanie p. 14.
NYSA en Carie, séjour des Nymphes chargées de l'éducation de Bacchus p. 66.

OISEAU volant, emblème de Sicyon p. 49.
OPHILON, ou Ophélas, roi de la Cyrenaïque p.78. diversité dans la manière d'écrire ce nom p. 79. ses rapports avec les Athéniens p. 80. tué par Agathocle ibid.
ORESTE, absous par Minerve p. 55. vénéré à Tégée p.56. ses ossemens transportés à Sparte ibid.
ORNITHOMANCIE p. 50. note 1.

PAESTUM en Lucanie p. 20.
PARNASSE (le Mont) représenté avec trois sommets p. 43.
PÉGASE, symbole de Corinthe et de ses colonies p. 38. 47. de Sicyon p. 50.
PEIGNES, coquille, type des villes de l'Iapygie p. 19.

(86)

PELINNA en Thessalie p. 36.
PERSÉE, vénéré dans l'île de Seriphe p. 59.
PELTAE en Phrygie p. 75.
PHARAE en Bœotie p. 45.
PHOENICE en Epire, fondée probablement par une colonie Phœnicienne p. 37.
PHTHIA, Nymphe aimée par Jupiter p. 50.
PIN, sur des médailles de Corinthe p. 49.
PINNA, coquille p. 4.
PINNOPHYLAX, espèce d'écrevisse p. 4.
PIRÈNE, la fontaine p. 49.
PRAESUS en Crète p. 57.
PRONI, dans l'île de Cephalonie p. 50.
PROPUGNATRIX, épithète de la colonie de Cremna p. 69.
PTOLÉMÉE I Soter, roi d'Egypte p. 81.
PTOLÉMÉE V Epiphanes p. 81. dernier roi d'Egypte qui ait possédé la Palestine et la Cœlesyrie p. 82.
PYTHIUM en Macédoine p. 36.

RHABDOMANCIE p. 61.
RHÉGIUM en Italie, emblêmes de cette ville p. 21.
ROI inconnu p. 82.

SAMIENS, unis aux Messéniens dans l'entreprise contre Zanclé p. 22. note 1.
SARDANAPALE, fondateur de plusieurs villes en Cilicie p. 73.
SCYLLA, manières différentes de la représenter p. 6.
SEBASTÉ, auparavant Elæusa, île voisine, de la Cilicie p. 73.
SEBASTÉ en Phrygie p. 76.
SICYON en Achaïe p. 49.
SOLI en Cilicie p. 72.
SOURIS, attribut d'Apollon Sminthien p. 64. divination par les souris p. 64. note 1. Souris, ou lièvre, sur une médaille de Nagidus p. 72.
STÉPHANÉPHORE p. 74.

TARENTE en Calabre p. 18.
TÉGÉE en Arcadie p. 53.
TEMENOTHYRA, médailles attribuées à cette ville, appartiennent à Trimenothyra p. 74.
TEMPYRA en Thrace, doit être distinguée de Timporum, sa situation p. 34.
TERINA en Italie p. 23.
TERMINAISON en NO sur les médailles de la Campanie p. 3.
TESSÈRES, on y inscrivoit les noms des juges p. 54.
THÈBES en Bœotie p. 43.
TRALLES en Lydie p. 74.
TRÉPIED de Delphes p. 43.
TRIMENOTHYRA en Phrygie, p. 74. a dû s'appeller ensuite Trajanopolis ibid.
TROEZÈNE dans l'Argolide p. 51.

VASE, où l'on recueilloit les suffrages des juges p. 54.

ZANCLÉ, époque à laquelle son nom fut changé en celui de Messana p. 20. note

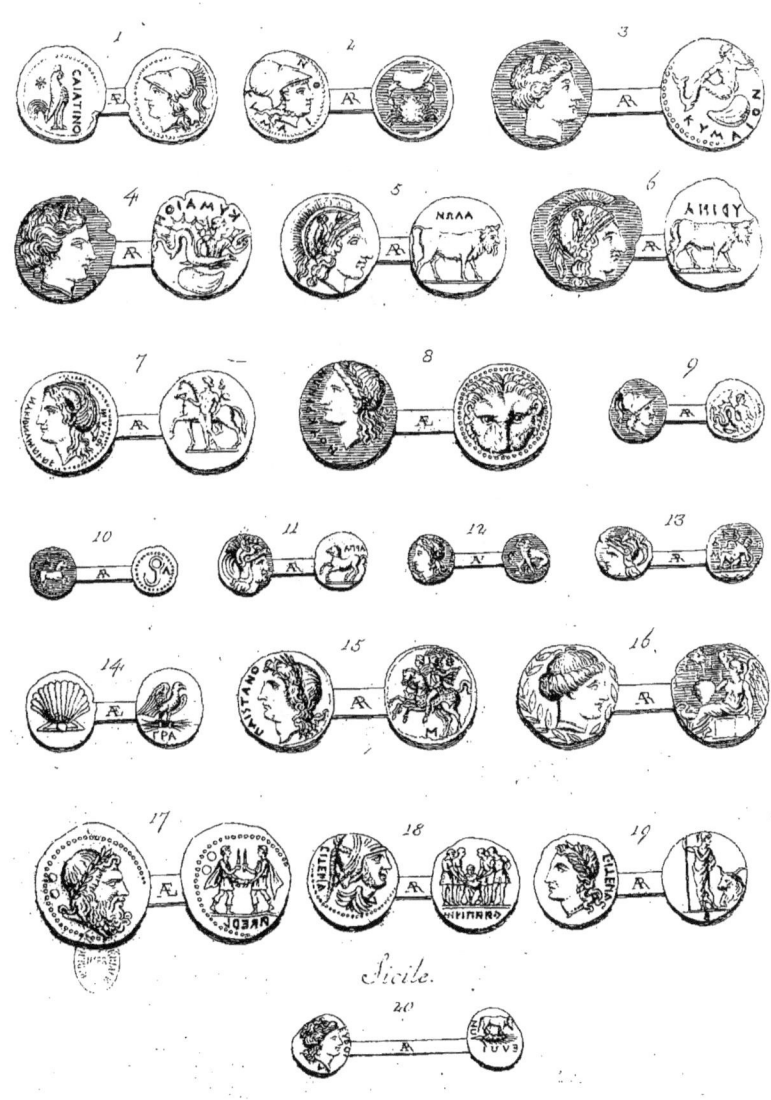

Sicile.

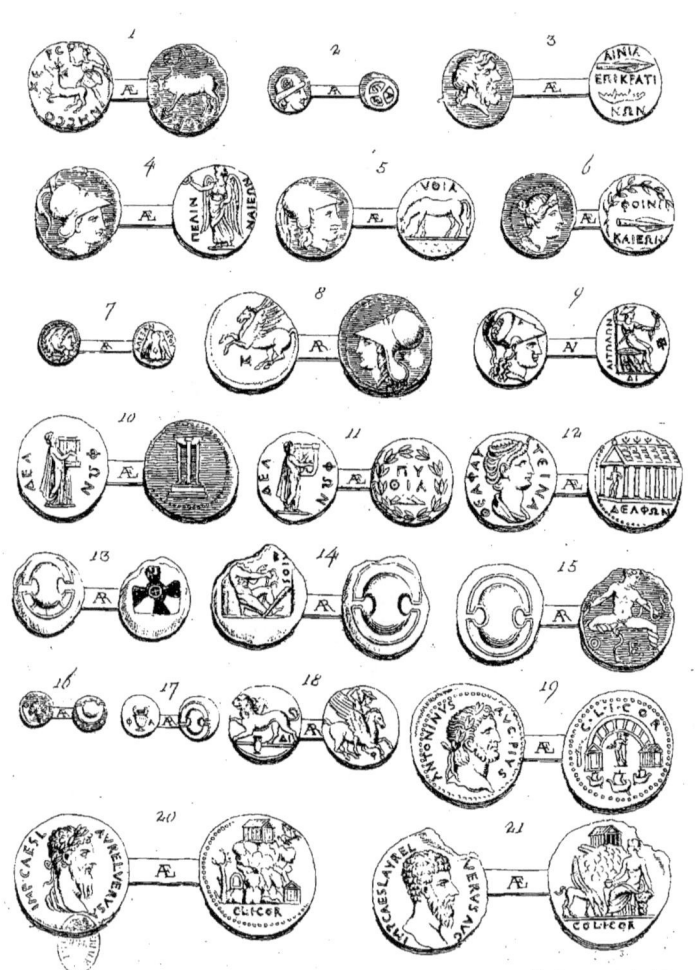

T.II

T. III

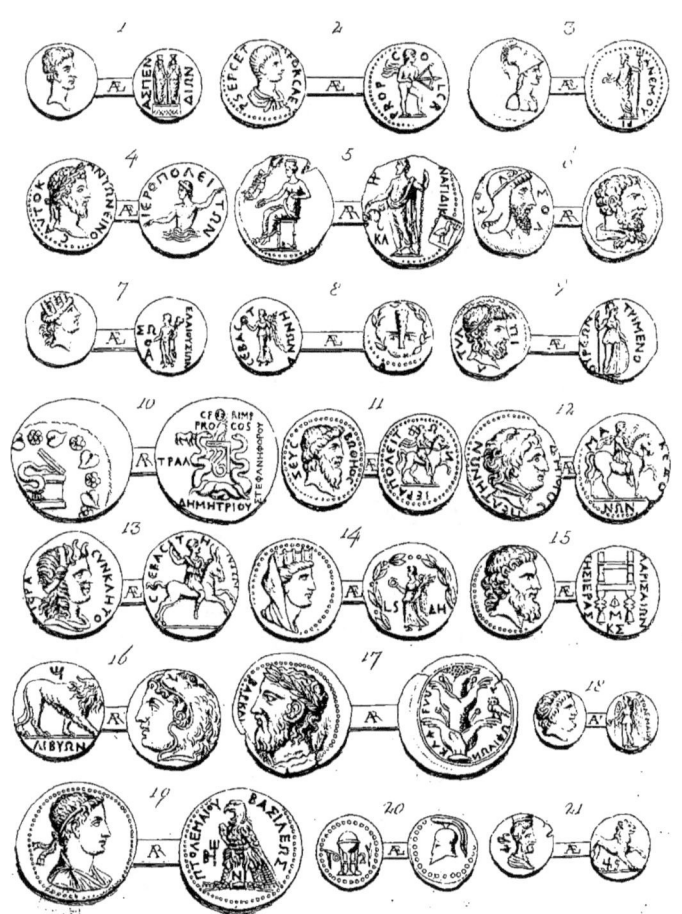

T. IV